농어촌교회 노인목회 사례 제1집

장수를 축복으로 만드는 교회 이야기

농어촌선교부 편

한국장로교출판사

발간사

하나님의 은혜와 평강이 섬기는 교회와 가정 위에 늘 함께하시길 바랍니다.

제101회 총회보고서에 의하면 우리 교단 8,843개 교회 중에 3,039개 교회(34.4%)가 농어촌교회로 분류되어 있습니다. 우리나라의 농어촌은 도시 지역으로 인구가 이동함에 따라 지역 사회의 인구가 지속적으로 감소하고 있으며, 국제결혼이 증가함에 따라 다문화 가정 및 다문화 가정의 어린이들이 증가하고 있습니다. 또한 부모의 이혼이나 경제적 어려움 등으로 농어촌의 조부모들에게 맡겨진 조손 가정의 아동과 청소년들이 증가하고 있으며, 최근에는 귀농 · 귀촌인들이 증가함에 따라 그에 따른 대책 마련 등 수많은 문제들을 가지고 있습니다.

그중에서도 특히 농어촌의 인구 고령화의 문제는 현재 진행형의 문제이고, 우선 해결해야 할 문제라고 생각합니다. 우리나라는 이미 고령화 사회에서 고령사회를 향하여 가고 있고, 특히 농어촌 지역은 고령사회를 넘어, 초고령사회에 이미 진입하였습니다. 통계청의 통계에 따르면 2016년 현재 우리나라 65세 이상 인구는 656만 9천 명으로 13.2%를 차지하여 고령화 사회에서 고령사회로 진입하기 직전에 있습니다. 반면 농어촌 지역의 고령화는 더 심각한 모습을 보이고 있는데, 전남 고흥군은 37.49%, 경북 의성군은 36.83%로 초고령사회의 기준인 21%를 한참 넘어선 상태입니다. 이런 상황 속에서 농어촌 선교의 여러 가지 과제 중에 노인들을 위한 다양한 목회를 시행하는 것이 최우선의 과제가 되었습니다.

본 사례집은 농어촌교회를 목회하면서 노인목회에 중점을 두고 사역하는 우리 교단 산하 농어촌교회 목사님들의 이야기입니다. 따라서 도시에서 노인들을 위한 많은 인력과 재정이 투입되는 큰 규모의 요양 시설이나 복지 시설 운영과는 조금 차이가 있습니다. 농어촌교회의 동원 가능한 인력 자원과 재정을 바탕으로, 혹은 목회자 부부가 시행하고 있는 농어촌교회의 노인목회 사례를 모았습니다. 이것은 현재 농어촌교회에서 노인목회를 실시하고 싶으나 경험이 없고 용기가 부족하여 실시하지 못하고 있는 3천여 농어촌교회 목회자들을 위한 것입니다.

아무쪼록 본 사례집을 통하여 농어촌교회 목회자들이 노인목회에 대한 목회적 지평이 넓어지고, 용기를 내어 노인목회를 시행함으로 지역 사회에 한층 더 다가가고, 나아가서는 마을 전체를 목회할 수 있게 되길 바랍니다. 또한 이미 노인목회를 시행하고 있는 농어촌교회 목회자들은 좀 더 전문적 지식을 습득하고 한층 더 발전된 노인목회 전문가들이 되는 데 도움이 되길 바랍니다. 앞으로 농어촌 노인목회 전문가들이 많이 생겨나서 네트워크를 형성함으로, 서로의 노하우를 나누고 발전할 수 있기를 바라마지 않습니다.

2017년 4월

총회 농어촌선교부 부장 **김덕수** 목사

축사

2017년 종교개혁 500주년을 맞이하며 총회 농어촌선교부에서 본서를 출판하게 된 것을 하나님께 감사드립니다. 이 사례집은 고령화가 점점 심해지는 우리 사회, 특히 농어촌 지역 사회에서 목회하는 농어촌교회 목회자들에게 많은 도전이 되고 힘이 되리라 믿습니다.

우리나라의 농어촌은 주지하다시피 많은 문제들이 산적해 있습니다. 도시 지역으로의 인구 이동에 따른 인구 감소의 문제와 젊은이들이 빠져나간 농어촌에 남아 있는 노인에 대한 다양한 돌봄의 문제, 국제결혼 증가에 따른 다문화 가정의 문제, 조손 가정 돌봄의 문제, 친환경 먹거리 생산과 유통의 문제, 최근에는 도시로 일자리를 찾아 떠났던 사람들이 은퇴를 하고 고향에 돌아옴에 따라 귀농·귀촌의 문제가 새로운 화두로 떠오르고 있습니다.

그러나 농어촌은 우리 마음의 고향이며, 우리의 조상들과 부모님이 살아오신 터전이며, 교단 산하 3천여 농어촌교회가 자리하고 있는 목회의 자리입니다. 농어촌 지역 사회를 섬기며 목회하는 농어촌교회 목회자들의 고충이 얼마나 큰지 짐작하고도 남음이 있습니다. 이런 시기에 농어촌교회의 다양한 노인목회 활성화는 적절한 농어촌 선교 방법론이라고 할 수 있을 것입니다. 이를 위하여 총회 농어촌선교부에서 우리 교단의 농어촌교회에서 노인목회를 모범적으로 시행하고 있는 사례를 모아 사례집을 만든 것은 시기적절한 판단이라 생각합니다.

재정적 어려움에도 불구하고 노인들을 위한 이미용 봉사, 의료 봉사와 여러 가지 노인교실 프로그램 운영, 반찬 나눔, 빨래 봉사, 주거 환경 개선 사업 등으로 마을의 노인들을 섬기는 농어촌교회의 목회자와 교인들에게, 또한 재정 지원과 재능 나눔 등으로 함께 동참하는 도시교회의 목회자와 교인들에게도 깊은 감사의 말씀을 드립니다.

본 사례집을 통하여 아직 노인목회를 실시하지 못하고 있는 농어촌 교회의 목회자와 교인들이 우리도 할 수 있다는 자신감을 가지고 농어촌 지역사회를 목회하는 계기가 되길 바랍니다. 또한 도시교회에서는 재정적 지원 및 재능 나눔을 통하여 농어촌교회의 노인 목회에 동참할 수 있기를 바랍니다.

이 책을 집필하기 위하여 수고한 모든 분들과 지금도 노인목회에 애쓰시는 모든 목회자와 교인들에게 격려의 말씀을 드리며, 하나님과 우리를 화해하시기 위해 화목제물로 오신 예수 그리스도를 본받아 농어촌교회를 섬기며, 우리에게 주어진 삶의 자리에서 화해의 종으로 살아가시는 모든 분들에게 하나님의 은혜와 평강이 늘 함께하시기를 기원합니다.

2017년 4월

증경총회장 **채영남** 목사

머리말

출애굽기 20 : 12과 에베소서 6 : 1~3에 부모를 공경하면 '장수하리라'고 하였으며 신구약 성경 말씀은 장수를 하나님께서 주시는 복이라고 가르치고 있습니다. 그러나 저출산 고령화의 먹구름이 드리운 우리 사회의 현실은 성경 말씀대로 장수하는 것이 축복인가라는 의문을 갖게 합니다. 의학 기술과 영양 상태가 좋아진 오늘날은 옛날에 비해 사람의 수명이 길어졌고 한국인의 평균 수명이 81세까지 증가했다고 합니다.

그러나 오래 살게 되면 자연히 늙고 병들어 거동이 불편해지고, 각종 질병으로 인한 치료비의 부담이 커지고, 돈벌이도 어려워 경제적으로 어려움을 겪고 삶의 질이 저하되기 쉽습니다. 그래서 노인들이 겪는 질병, 가난, 할 일 없음, 외로움을 "老人의 四苦"라고 한다고 합니다. 내년(2018년)이면 우리 사회 전체 노인 인구 비율이 14%를 넘어선 고령사회에 진입할 것이라고 합니다. 그런데 농어촌은 이미 오래전에 '초고령사회'를 넘어 울트라 초고령사회가 되었습니다. 농어촌 인구의 약 40%가 노인 인구이고, 읍면소재지를 제외한 농촌 마을의 노인 인구는

60%를 넘었다고 해도 과언이 아닐 것입니다. 이제 농어촌 지역 사회의 '노인 문제'는 정부와 지역 사회뿐만 아니라 농촌교회들에게도 관심의 대상이며 우선적으로 다뤄져야 할 선교적 과제입니다.

본 사례집은 농어촌교회와 목회자들이 고령화문제가 심각한 교회와 지역의 현황 속에서 노인목회(복지, 섬김)를 시작하게 된 동기와 교회의 상황과 형편과 필요를 반영한 각종 노인목회(복지, 섬김) 프로그램을 소개하고, 예산과 향후 비전에 관해 정리해 보았습니다. 여러 교회의 형편과 상황에 따라 다양한 실천 사례들을 제시함으로써 울트라 초고령 사회인 농어촌을 섬기는 교회와 목회자들을 위한 노인목회와 선교의 참고자료가 될 수 있기를 바랍니다.

제1부 노인교실(대학, 학교)을 운영하는 노인목회는 다양한 형태의 노인교실, 노인학교, 노인대학 등을 운영하는 노인목회 사례를 모았습니다. 노인교실은 재정과 봉사자의 수가 작은 교회가 실천하기에 적당한 프로그램입니다.

제2부 방문 요양, 재가 복지를 통한 노인목회는 노인교실에서 노인 복지 서비스를 제공하는 사업을 운영하는 사례를 모았습니다. 방문 요양, 재가 노인 지원 서비스, 노인 일자리 사업 등 복지 사업을 병행하는 노인목회에 참고가 될 만한 사례들입니다.

제3부 노인 복지 센터를 통한 노인목회는 노인 요양 기관 등 보다 전문화된 노인복지 기관을 운영하는 목회 사례를 모았습니다.

바쁘신 중에도 귀한 원고를 집필하여 주신 13분의 농어촌교회 목사님들께 감사를 드리며, 이 책을 만들기 위해 수고한 농어촌선교부 실장 이인호 목사님과 대리 홍나영 님께도 감사의 마음을 전합니다. 또한 어려운 재정 여건에도 불구하고 출판을 허락해 주신 한국장로교출판사

사장 채형욱 목사님과 직원 여러분께도 감사드립니다.

본 사례집의 이야기들이 성경 말씀대로 '땅에서 장수하는 것'이 축복이 될 수 있도록 더 많은 농어촌교회들이 실천하고 적용할 수 있기를 바라는 마음 간절합니다.

2017년 4월

총회 농어촌선교부 총무 **백명기** 목사

차례

1부

노인교실(대학)을 운영하는 노인목회

창북교회의 노인목회

| 창북교회 임종주 목사 |

들어가는 말

목사란 양을 돌보는 사람이며, 목회란 슬픔이나 기쁨을 만나 특별한 격려를 필요로 하거나 기대하는 사람들과 대화를 나누고 인간의 영혼을 돌보는 일이라고 목회학적으로 배웠다. 그리고 힐트너(S. Hiltner)는 목회자가 가져야 할 목회의 기능을 네 가지로 구분하고 있는데 치유, 지탱, 인도, 화해이다.

목회는 목회자가 이 네 가지의 기능을 가지고 인간의 영혼을 돌보아 주는 일인데, 여기서 영혼은 전인(全人), 즉 영과 육 두 가지가 하나로 합일된 인간을 말하는 것이다. 이러한 목회의 원리에 의하면 농어촌목회는 단순히 영(靈)에만 관심을 갖는 것이 아니라 전인(全人)의 구성

중 하나인 육(肉)에도 관심을 가져야 한다.

농어촌교회의 노인목회는 계층의 구성원 중 하나인 노인의 영혼에 관심을 가지고 목회의 방향을 정하는 것이다. 여기에서는 창북교회가 10여 년간 실시한 노인목회를 소개하고자 한다.

1. 교회 현황과 지역 사회 현황에 대하여

창북교회는 전형적인 농촌 마을 속에 있는 교회이다. 본 교회는 1973년에 세워졌고 44년 동안 목회자의 이동(전임 목회자는 15년 시무, 본인은 1993년에 제6대 목회자로 부임 후 13년째 목회)이 비교적 적은 교회이다. 현재의 교회의 중직자는 은퇴장로 1명, 원로장로 1명, 장로 4명, 안수집사 10명, 권사 23명, 서리집사 65명, 그 외 은퇴자 55명, 아동부 35명, 중고등부 17명으로 제적 인원은 200명, 주일 낮 평균 집회 인원은 140명 정도이다. 기관으로는 남선교회 1·2, 여전도회, 중고등부, 아동부로 조직되어 있으며, 구역은 12구역으로 나뉘어 있다.

교회는 전북 부안군 계화면 창북리 면 소재지에 위치하고 있다. 교회가 위치한 계화면의 면적은 49.09km^2로 경제개발 5개년 계획 사업으로 1963~1968년까지 5개년에 걸쳐 12.8km 계화 제1, 2호 방조제 완공으로 조성된 전국 최초 대단위 간척지 3,896ha(논 2,741hα 비농지 1,245hα)의 면적을 가진 논농사 지역(1차 산업이 90%)으로 외부인인 섬진강 수몰 지구(임실, 정읍) 주민과 원주민이 조화를 이뤄 인심이 후하고 온순한 성향을 가진 지역이다.

부안군은 노령 인구가 부안군 전체(56,848명, 2015년 통계) 29%(16,219명)에 해당할 정도로 매년 노인 인구의 비중이 높아져 초고령화 사회에 진입한 상태이다. 계화면의 인구는 4,070명(2015년 통계)으로 35%(1,422명)가 65세 이상의 노령에 해당하고, 450세대(2015년 통계)의 가정이 독거노인이 거주하는 지역이다. 이러한 노령 인구가 증가함에 따라 경제적이고 활동적인 일자리를 원하는 노인 인구가 증가하고 있는 추세이다. 이처럼 고령화된 지역인 만큼 지역 내에 거동이 불편한 노인 인구의 비율이 많아 경제적, 정신적, 육체적으로 도움이 필요한 노인 인구가 점점 많아지고 있다.

2. 노인목회를 시작하게 된 동기 및 배경

본인은 대학에서 농촌에 관심을 갖고 농학을 전공한 후 장로회신학대학교 신대원을 다니며 농촌목회 동아리에서 활동을 하면서 농촌목회를 해야겠다는 결심을 굳게 가졌다. 졸업 후 목포정명여중 교목, 그리고 전주완산교회 부교역자 생활을 거쳐 첫 부임지가 리(理) 단위에 속하는 부안동전교회였다. 이 교회에서 15년 동안 시무하며 젊은 목회자들과 농촌목회에 대한 고민을 하며 각종 세미나와 농촌 활동을 하고, 풀러신학대학원에서 목회학 박사과정을 공부하며 목회 철학을 정립하였다. 이곳에서의 목회는 농촌목회에 대한 준비 과정이었다는 생각이 든다.

그 후 창북교회에 부임하여 내걸은 목회 슬로건(목회 철학)이 "가족 같은 교회, 지역을 섬기는 교회"였다. 지역을 섬기는 교회는 교회가 지역 사회를 품고 가는 역할을 하고 지역의 중심이 되어야 한다는 목회 철학을 가지고 있었다. 목회자는 교회 안의 목회자만이 아니라 교회 밖인 지역 사회의 목회자이며, 목회의 비중도 70%는 우리 안에 있는 양을 돌보고 30%는 우리 밖에 있는 양을 돌보아야 한다는 원칙을 가졌다.

그래서 지역 사회의 동향을 파악하고 지역 사회가 필요로 하는 욕구가 무엇이지 설문조사나 면담을 통하여 우선순위를 정하고 마을목회를 구상했다. 더 나아가 본 교회 장로님들과 함께 마을의 경조사나 행사에 참여하고, 가까운 초중등학교에 장학금을 전달하거나 마을에서 생산하는 농산물이 무엇인지를 파악하고 농민들의 애로점이 무엇인지에 관심을 가졌다.

더구나 농촌목회는 "공허한 마을을 교회로 만들어 가는 과정이다."라는 농촌목회의 선구자 민정웅 목사님의 교훈처럼, 공허해져 가는 농촌의 마을을 하나님을 모시고 살아가는 천국의 마을로 변화시키는 것임을 알고 실천에 옮기기로 했다.

실천에 옮기는 것 중에 첫 부분이 노인목회에 대한 것이었다.

앞에서 언급한 것처럼 노인 인구의 증가로 농어촌 지역은 고령사회가 아니라 지역 인구의 25%가 넘는 초고령사회가 되어 버렸다. 이제는 농촌 사람 4명 중 3명 이상이 노인이다. 교회의 구성원도 대부분 노인층임을 감안할 때 농촌목회의 관심을 노인목회에 비중을 두어야만 했다. 일례로 매년 어버이날에 65세 이상 되신 분들에게 선물을 드리는데, 2008년도에는 64명, 2011년도에는 80명, 올해는 110명에게 선물을 드리는 것을 보면 갈수록 교회 안의 노령 인구의 증가로 노인목회의 비중이 커져 감을 알 수 있다.

그래서 당회에서는 1차적인 노인목회 프로그램으로 창북노인대학을 운영하기로 했다. 그리고 2차 프로그램으로 창북노인복지센터를 설립하여 재가 노인 서비스와 노인 일자리 사업을, 3차 프로그램으로 독거노인 반찬 봉사 프로그램을, 4차 프로그램으로 창북지역아동터를 운영하기로 했다.

그동안 노인대학을 운영하면서 미래에 교회가 사회 복지에 더 전문적인 지식을 가지고 대처하기 위해 아내와 함께 전주우석대학 평생교육원에 등록하여 틈틈이 공부를 하여 사회 복지를 공부하고 사회 복지사 2급 자격증을 취득하였다. 사회 복지사 자격증이 있어야 교회가 기관 설립이나 복지를 좀 더 체계적으로 진행할 수 있기 때문이다.

3. 본 교회의 노인목회 프로그램

1) 창북노인대학

처음으로 실시하는 노인대학은 교회의 전폭적인 지지와 협력이 있어야만 운영할 수 있었다. 그래서 1년 전부터 노인대학을 운영하기 위한 사전 준비 작업을 가졌다.

첫 번째는 지역의 교회가 연합으로 노인대학을 운영해 보는 것이었다. 노인대학은 부안 지역에서 창북교회보다 3년에서 5년 정도 빠르게 운영하는 교회가 있었다. 부안 지역에 노인대학을 확산하기 위해 먼저 시작한 교회를 중심으로 6개 교회가 돌아가면서 1주일에 한 번씩 노인대학을 시범적으로 실시하였다. 6개 교회가 각자 교회의 노인들을 모시고 노인대학 프로그램을 만들어 그대로 실시를 했다. 그리고 교회의 중직들이 대거 참석하여 노인대학이 어떻게 운영되는지를 눈으로 직접 보게 했다.

두 번째는 노인대학을 운영하는 현장을 직접 방문하는 것이었다.

노인대학에 관심을 갖는 중직자 5명과 함께 가까운 곳에서 운영하는 평균 400명의 어르신들이 모이는 익산북일교회 북일노인대학을 탐방했다. 차량 운행부터 시작하여 예배, 학장의 훈화, 생일잔치, 특강, 분반공부, 점심식사 접대 등 전 과정을 두루 탐방하였다.

세 번째는 세미나 참석이었다. 매년 2회씩 전국노인학교 세미나가 있다. 기존에 하고 있던 노인대학 운영자들의 재교육과 더불어 신규 교회를 대상으로 교육을 하는 곳이다. 우리 교회에서는 노인대학 운영자들 4명이 등록하여 교육을 받았다.

창북노인대학은 2006년 3월 초에 개강을 하였다. 개강에 앞서 홍보를 하였는데, 마을마다 회관을 돌면서 어르신들을 초청하는 인사를 올리고 행정 기관에 연락을 하여 꼭 참석하기를 권하였다. 그리고 지역의 인사들을 중심으로 창북노인대학후원회를 조직하였다.

3월에 개강식을 할 때 어르신들 150여 명이 참석하였고, 지역의 인사들이 참석하여 격려를 해 주었다.

주요 프로그램은 레크리에이션 및 노래, 학장 훈화, 국민체조, 분반공부, 특강, 간식 접대 순서로 진행되었다. 1년에 1차례 어르신 관광, 1년에 4차례 분기별 생일축하가 있다.

그 뒤 11년간 노인대학을 운영하고 있다. 프로그램 상 다른 변동은 없지만 식사를 준비할 일손이 부족하여 2010년까지만 점심식사를 대접하고 그 뒤는 간식 접대를 하고 있다.

연중 구체적인 프로그램은 다음과 같다.

창북노인대학 2011년도 제 1학기 강의 시간표

교시		1교시 (10:00~10:20)		2교시 (10:20~10:30)		중간시간 (10:30~10:50)		3교시 (10:50~11:40)		4교시 (11:40~12:30)		
주별	일자	과목	강사	과목	강사	과목		과목	강사	과목	강사	소속
1	2.23(수)	레크레이션		학장훈장		국민건강체조		분반학습	각반교수	노래와 춤		
2	3. 2(수)	레크레이션		학장훈장		국민건강체조		분반학습	각반교수	행복한 노년		
3	3. 9(수)	레크레이션		학장훈장		생일축하		분반학습	각반교수	건강노래부르기		
4	3.16(수)	레크레이션		학장훈장		국민건강체조		분반학습	각반교수	부안의 문화		
5	3.23(수)	레크레이션		학장훈장		국민건강체조		분반학습	각반교수	각설이와 함께		
6	3.29(수)	레크레이션		학장훈장		국민건강체조		분반학습	각반교수	찾아가는 국립공원		
7	3.30(수)	레크레이션		학장훈장		국민건강체조		분반학습	각반교수	노래부르기		
8	4. 6(수)	레크레이션		학장훈장		국민건강체조		분반학습	각반교수	영화보기		
9	4.13(수)	레크레이션		학장훈장		국민건강체조		분반학습	각반교수	웰빙 만들기		
10	4.20(수)	레크레이션		학장훈장		국민건강체조		분반학습	각반교수	다같이 노래를		
11	4.27(수)	레크레이션		학장훈장		국민건강체조		분반학습	각반교수	노년의 건강		
12	5. 4(수)	레크레이션		학장훈장		국민건강체조		분반학습	각반교수	레크레이션		
13	5.11(수)	레크레이션		학장훈장		생일축하		분반학습	각반교수	노래부르기		

창북노인대학 2011년도 제 2학기 강의 시간표

교시		1교시 (9:50~10:20)		2교시 (10:20~10:30)		중간시간 (10:30~10:40)		3교시 (10:40~11:30)		4교시 (11:40~12:30)		
주별	일자	과목	강사	과목	강사	과목		과목	강사	과목	강사	소속
1	9. 7(수)	레크레이션		학장훈장	임종주	국민건강체조		분반학습	각반교수	노래와 연주		
2	9. 14(수)	레크레이션		학장훈장	임종주	국민건강체조		분반학습	각반교수	노년의 건강		
3	9. 21(수)	레크레이션		학장훈장	임종주	생일축하		분반학습	각반교수	아이들 무용발표		
4	9. 28(수)	레크레이션		학장훈장	임종주	국민건강체조		분반학습	각반교수	레크레이션		
5	10. 5(수)	레크레이션		학장훈장	임종주	국민건강체조		분반학습	각반교수	노인의 행복 비결		
6	10.12(수)	레크레이션		학장훈장	임종주	국민건강체조		분반학습	각반교수	활기찬 노년의 비결		
7	10.19(수)	레크레이션		학장훈장	임종주	국민건강체조		분반학습	각반교수	지역사회 자원봉사		
8	10.26(수)	레크레이션		학장훈장	임종주	국민건강체조		분반학습	각반교수	노인대학 야외소풍		
9	11. 2(수)	레크레이션		학장훈장	임종주	국민건강체조		분반학습	각반교수	웰빙 노년		
10	11. 9(수)	레크레이션		학장훈장	임종주	국민건강체조		분반학습	각반교수	다같이 노래를		
11	11.16(수)	레크레이션		학장훈장	임종주	국민건강체조		분반학습	각반교수	노년의 건강		
12	11.23(수)	레크레이션		학장훈장	임종주	국민건강체조		분반학습	각반교수	무용과 국악		
13	11.30(수)	레크레이션		학장훈장	임종주	생일축하		분반학습	각반교수	수료 및 발표		

2) 노인 일자리 사업(노인 사회 활동 사업)

노인 복지를 좀 더 구체적으로 하기 위해서 창북노인복지센터를 만들었다. 처음에는 재가 노인 복지를 하려고 했는데 목회의 업무가 너무나 많아서 정부에서 하는 노인 일자리 사업 40명을 배정받아 2008년 3월부터 실시하였다.

노인 일자리 사업은 65세 어르신들에게 일자리를 만들어 1년 7개월간(현재는 9개월, 56명), 1개월에 1일 3시간씩 12번 정도 일하면 20만원을 드리는 사업이다.

하는 일은 혼자 사는 독거노인이나 거동이 불편한 어르신 가정을 방문하여 집안 정리 정돈(청소해 주기, 간단한 수리), 외부일 봐 주기(심부름해 주기), 건강 관리해 주기(반찬 봉사, 발 마사지), 상담(말벗되어 주기) 등을 하는 것이다.

이 일에 참여한 어르신들에게는 개인별 통장에 20만 원씩을 송금한다.

운영은 지자체에서 인건비와 필요한 경비, 그리고 일자리 전담 인력을 보내 주고 자체적으로 5개의 팀을 나누고 팀장을 세워 일을 책임지고 할 수 있게 하였다. 전담 인력과 전담 보조 인력은 관리와 행정을 담당하여 일을 하게 하였다.

이 사업을 하는 이유는 농촌 지역의 급속한 고령화에 따라 가족 기능 약화에 기인하여 혼자 사는 어르신들이 계화면 관내에만 450여 세대이며, 부부가 살더라도 힘겹게 살아가는 50여 세대를 돌보기 위함이다. 이러한 세대들의 대부분은 바우처 서비스나 재가 요양 서비스 대상 등급에서 제외되어 사회적인 서비스를 받지 못하여 외로이 지내는 경우가 있다.

수혜자 욕구 조사에 따르면 노인 혼자서 치우지 못하는 집 안의 일거리 및 집안 청소를 원하고(1순위), 외로운 일상에서 대화할 벗이 필요하고(2순위), 외출 시 시장 · 업무나 은행 업무의 도움(3순위), 더 나아가 반찬을 제대로 만들지 못하여 반찬 배달이 필요한 세대도 있다(4순위). 그리고 전등이나 전열기 등을 교체해 주는 작은 일들을 원하는 경우도 있다(5순위).

이러한 수요자의 욕구를 감안하여 일주일에 3차례 3~4시간 규칙적인 노노케어 서비스가 사회적인 책임성을 부여하며, 건강한 노인이 거동이 불편한 요보호 대상의 일상생활을 관리·지원해 줌으로써 사람의 안정 지원 및 노인들의 자존감 향상으로 안정된 노후생활을 보장하여 사회 문제를 완화할 수 있다.

이 사업은 자체 평가에 의하면 혼자서의 힘으로 일상생활을 유지하기 힘든 어르신들에게 말벗, 활동 지원 서비스 등 가정적인 보살핌 등을 제공하여 노후생활의 안정화와 삶의 활력을 느끼게 할 뿐 아니라 사업 참여나 일자리에 참여함으로써 경제적인 활동과 더불어 자존감을 느끼는 등 만족도가 90% 이상으로 높아 수요처와 참여자의 재신청 의견이 많음을 알 수 있다.

공급자 편에서는 일자리 사업으로 일의 만족도 강화(1순위), 건강 되찾기(2순위), 이웃과 더불어 살기(3순위), 남을 이해하는 마음 증진(4순위), 사회적인 책임 강화(5순위) 순으로 다양한 사회적인 가치를 창출했다고 했다.

수요자 편에서는 집 안이 청결하고 정리정돈이 잘됨(1순위), 외로움 덜기(2순위), 고마움 알기(3순위), 사회적인 연대감 증진(4순위) 등 정서적으로 안정되고 서비스를 받은 이후 생활에 도움이 많이 된다고 했다.

노인 일자리 사업 월별 활동 추진은 다음과 같이 한다.

월별 주요활동	1월	2월	3월	4월	5월	6월	7월	8월	9월	10월	11월	12월
활동 준비	○	○										
활동 교육			○	○	○	○	○	○	○	○	○	
발대식			○									
활동 수행			○	○	○	○	○	○	○	○	○	
정기 간담회					○					○		
팀장 회의			○		○		○		○		○	
활동 평가회 만족도 조사					○						○	

3) 독거노인 반찬 봉사

독거노인 반찬 봉사는 원래 호스피스선교회에서 출발했다. 호스피스는 재가 요양 보호 제도가 생기기 전에 필요한 서비스였다. 죽음을 앞둔 말기 암 환자의 가정이나 병원에 가서 그들의 고통을 나누고 음식을 먹이고, 머리를 감기고, 죽음의 자리에 이를 때 옆에서 함께 천국의 소망 가운데 편히 갈 수 있도록 자원봉사로 돌보는 일이다. 이 일을 위해 교회 권사님, 집사님 15명을 중심으로 세미나에 참석하고 실습을 하고, 자격증을 취득하게 하였다. 그리고 지압법과 발 마사지 교육을 통해 실력을 향상시키며 가정이나 병원에서 시간을 정하여 봉사를 하였다.

그러나 후에 재가 요양 보호 제도가 생기면서 호스피스 역할이 축소되고 교육을 받았던 분들도 요양보호사로 활동하다 보니 제 역할을 감당할 수가 없었다. 그래서 선교회를 해체하는 것보다는 지역을 위해 뜻있는 일을 해 보자는 의미로 독거노인 반찬 봉사를 시작하게 되었다. 독거노인 반찬 봉사는 2008년부터 시작을 하였다.

반찬 봉사는 적십자 모임이나 복지관에서 생활 보호 대상자나 소년소녀 가장에게 이미 하고 있는 일이었다. 그러나 우리는 이들과 중복되지 않는 독거노인들에게 반찬 봉사를 해 보자는 것이었다. 특히 혜택을 받지 못하는 독거노인들은 혼자서 반찬을 만들어 식사를 한다는 것이 정말 어렵다는 것을 알았다.

그래서 회원들이 회비를 매달 모으고 교회에서 예산을 배정받아 매달 5명이 1조가 되어 매달 1번씩 25가정에 반찬을 만들어 배달을 하게 되었다. 반찬을 배달하기 위해 가방을 만들고 반찬통을 구입했다. 반찬의 종류는 대개 4종류 정도로 정성껏 만들어 배달하니 어르신들이 너무나 좋아했다. 배달할 때마다 "주님의 이름으로 축복합니다."라고 복을 빌어 주고, 목사가 직접 배달할 때는 아프거나 힘드신 분들이 계시면 기도를 해 주곤 했다.

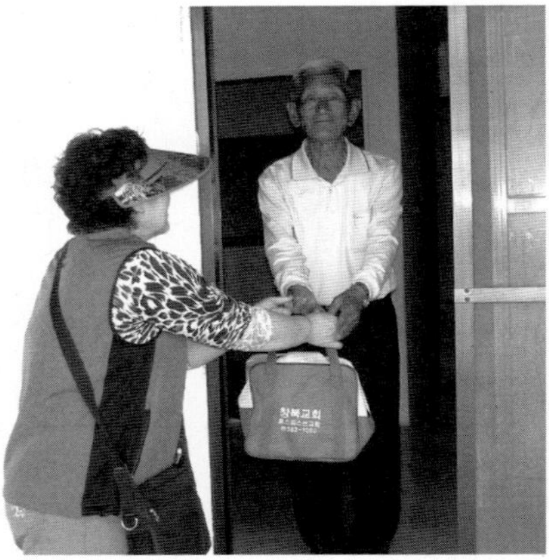

독거노인 반찬 봉사는 어려운 이웃에게 일용할 양식을 나누는 일이요, 작은 자를 섬기는 것이 곧 나를 섬기는 것이라는 예수님의 가르침을 실천하는 일이라고 본다. 이 일을 하다 보니 적지 않은 자금이 필요한데, 여전도회전국연합회 작은자복지재단과 연결이 되어 현재 4년째 도움을 받고 있다.

4) 창북지역아동센터

지역아동센터는 아동과 청소년을 위한 복지 서비스이다. 마을에 아이들이 있는데 가난하고 어려운 아이들은 방과 후에 학원에도 가지 못하고, 집에 가도 부모가 계시지 않는다. 이 아이들이 길거리에서 자전거를 타고 배회하는 모습이 눈에 보이고, 특히 교회에 나오는 아이들 가운데는 교회 마당이나 교회 교육관이 놀이터가 되었다. 전에 있던 교회에서 흙사랑작은도서관과 흙사랑공부방을 운영한 적이 있어서 아이들을 위해 어떻게 하면 좋을까라는 고민을 하다가 지역아동센터를 운영하기로 했다.

먼저 할 일은 운영할 장소를 마련하는 일이었다. 시작할 당시 교육관은 무허가 건물이어서 사용할 수 없고 마침 교회 앞에 비어 있는 집이 있어서 적당하게 집세를 주고 깨끗이 수리를 하였다. 센터장은 아내가 맡고 교회에 출석하는 분으로 사회 복지사 1명을 둔 후 29명 정원으로 2008년 1월에 개소를 하고, 2월에 부안 군청에서 설립 허가를 받았다.

아이들은 대부분 한 부모 가정, 조손 가정, 맞벌이 부부 가정, 생활 보호 대상자 가정, 다문화 가정, 일반 가정 등 방과 후에 사회적으로 소외되고 도움이 절실히 필요한 아이들로 모집이 되었다.

창북지역아동센터의 설립 목적은 "지역 사회 내에서 결손 가정, 한 부모 가정, 다문화 가정, 맞벌이 부부 가정, 저소득층 아동들로 하여금 시설을 이용하게 하여 이들을 통합적으로 보호하고 질 높은 복지와 교육의 장을 제공함으로 성장기에 필요한 영적, 신체적, 정서적 안정은 물론, 사회 적응을 위한 특기 개발 및 전인적인 교육을 통하여 건강하게 성장할 수 있도록 도와 복지 증진에 기여하고자 함."이라고 정했다.

처음 1년 동안은 운영비가 나오지 않아 자체적으로 운영을 하였다(현재는 2년 동안 자체 운영을 해야 함). 그래도 여러 곳에서 후원을

해 주셔서 정말 아이들이 재미있게 활동하고, 맛있게 음식을 먹고, 아동들이 안전하게 보호를 받고 안전하게 귀가하는 센터가 되었다. 현재는 35인 시설로 센터장과 2명의 생활 복지사, 그리고 1명의 아동 복지 교사가 있다. 그리고 다양한 프로그램과 맞춤형 교육으로 방과 후에 아동을 보호하고 부모가 해 주지 못하는 체험을 통하여 성장기 아동의 욕구를 채워 주고 있다.

센터 시설도 2011년도에 교회의 교육복지관이 새로이 건축되어 아동센터가 입주하여 최고의 시설에서 아이들이 행복하게 지내고 있다.

아이들의 일상적인 프로그램은 다음과 같다.

<table>
<tr><th></th><th>월</th><th>화</th><th>수</th><th>목</th><th>금</th></tr>
<tr><td>방과 후
~15 : 30</td><td>등원 및 간식</td><td>등원 및 간식</td><td>등원 및 간식</td><td>등원 및 간식</td><td>등원 및 간식</td></tr>
<tr><td rowspan="2">15 : 30
~16 : 30</td><td>한자, 영어
문제집 풀이</td><td>한자, 영어
문제집 풀이</td><td>한자, 영어
문제집 풀이</td><td>한자, 영어
문제집 풀이</td><td>한자, 영어
문제집 풀이</td></tr>
<tr><td colspan="5">담당 : 센터 선생님들</td></tr>
<tr><td rowspan="2">16 : 30
~17 : 50</td><td rowspan="2">수준별
학습 지도
(연계 :
드림 스타트)</td><td>수학 학습
(초등
5–6학년)</td><td>생활 과학
프로그램</td><td>무용
프로그램</td><td>수학 학습
(초등
5–6학년)</td></tr>
<tr><td>담당 : 김OO
선생님</td><td>담당 : 군산
대 생활과학
교실</td><td>담당 : 박OO
선생님</td><td>담당 : 김OO
선생님</td></tr>
<tr><td>17 : 50
~18 : 30</td><td>정리 및 석식</td><td>정리 및 석식</td><td>정리 및 석식</td><td>정리 및 석식</td><td>정리 및 석식</td></tr>
<tr><td rowspan="2">18 : 30
~20 : 00</td><td>기타
(guitar)
프로그램</td><td>수학 학습
(중학생
1–3학년)</td><td rowspan="2">중학생
자율 학습</td><td>플루트
프로그램</td><td>수학 학습
(중학생
1–3학년)</td></tr>
<tr><td>담당 : 이OO
선생님</td><td>담당 : 김OO
선생님</td><td>담당 : 김OO
선생님</td><td>담당 : 김OO
선생님</td></tr>
</table>

20 : 00 ~20 : 30	정리 및 귀가	
	매일 : 영어, 한자(수준별 지도) 화요일 : 수학 학습(고학년) 목요일 : 무용 프로그램, 플루트 프로그램	월요일 : 구몬 학습, 기타 프로그램 수요일 : 생활 과학 프로그램 금요일 : 수학 학습(고학년)

4. 노인목회의 예산 및 결산(2015년)

1) 창북노인대학

수 입		지 출	
항 목	금 액	항 목	금 액
지방 자치 단체	5,000,000	교육 행사비	3,200,000
교회 재정 보조	2,000,000	간식비	2,400,000
후원금	2,000,000	강사비	800,000
		차량비	700,000
		사무 홍보비	550,000
		회의비	540,000
합 계	9,000,000	합 계	8,190,000

2) 창북 노인 일자리 사업

수 입		지 출	
항 목	금 액	항목	금액
지방 자치 단체 인건비	90,000,000	인건비	90,000,000
지방 자치 단체 관리비	7,000,000	활동 진행비	2,430,000
		회의비	840,000
		산재 보험	420,000

		사무 홍보비	240,000
		팀장비	1,350,000
		비품 구입비	700,000
		전화 및 차량비	1,020,000
합 계	97,000,000	합 계	97,000,000

3) 독거노인 반찬 봉사

수 입		지 출	
항 목	금 액	항 목	금 액
회원 회비	1,000,000	반찬 재료 구입	4,200,000
교회 재정 보조	2,000,000	고추 마늘 참깨	840,000
헌신예배	100,000	회의비	360,000
작은자복지재단	2,400,000	기 타	
합 계	5,400,000	합 계	5,400,000

4) 창북지역아동센터

수 입		지 출	
항 목	금 액	항 목	금 액
지방 자치 단체 운영비 보조	53,244,000	인건비	31,174,000
지방 자치 단체 급식비 보조	24,360,000	운영비	8,000,000
후원금	4,360,000	프로그램 비	14,070,000
		급식비	24,360,000
		후원금	3,870,000
합 계	81,964,000	합 계	81,474,000

5. 노인목회의 성과와 부족한 점, 앞으로 해결 과제, 향후 계획

창북교회의 노인목회는 10년 가까이 운영을 해 오고 있다.

교회의 목회 방향과 프로그램은 항상 지속성이 있어야 한다고 생각한다. 수많은 시행착오를 거치며 노하우를 쌓아야 되고 성도들의 이해 부족으로 마음고생을 하더라도 장로님이나 성도들을 설득하고, 기다리며, 참으며 지속적으로 추진해야만 한다. 초기에는 성도들은 고생은 하는데 큰 효과가 없다는 데에만 관심을 갖기에 더욱 마음고생을 할 수밖에 없다. 최소한 7년에서 10년 이상을 지속적으로 진행을 해야 한다. 우리 교회의 경우에도 10년 정도 하니 이제야 성과를 인정하는 것 같다.

노인목회는 지역 사회의 교회 존재감을 나타내 주었다. 창북교회는 지역 사회에 꼭 필요한 곳이라는 인식을 심어 주었다. 어르신들의 입에서 입을 통하여 창북교회에 대한 칭송이 이어져 갔다.

노인목회는 복음 전도의 장이 되었다. 노인대학에 참여하는 어르신들 중 기독교인은 1/5이지만 종교를 초월하여 참석한다. 처음에는 종교적인 색채를 전혀 나타내지 않았지만 시작한 지 2년 후부터는 학장 훈화 시간에 성경을 중심으로 말씀을 전하고 기도를 해 주었다. 이러한 분위기로 운영하다 보니 타 종교의 어르신들도 기독교에 대하여 배타성을 전혀 갖지 않고 목사님을 자기가 사는 지역의 목회자로 인정을 하게 되었다.

교회에 등록하신 분들 중에 노인대학과 연관도 있지만 일자리 사업에 참여함으로 스스로 교회에 등록을 하고, 조심스레 복음을 제시해도 받아들이곤 했다. 현재 일자리 사업에 56명이 참여하고 있는데 참여하신 어르신들 중에 2/3가 교회 성도들이다.

이 외에도 노인목회 중 일자리 사업은 먼저 어르신들의 소득 증대를 가져다주었다. 1개월에 20만 원이라는 고정적인 수입을 통해 어르신들이 행복해 하셨다. 또한 십일조 생활과 교회에서 봉사, 헌신으로 재미있게 생활하신다.

지역아동센터는 소외된 아이들에게 희망을 주는 곳이 되었다. 조손가정, 한 부모 가정, 저소득층 가정, 다문화 가정 아이들이 센터에서 진행하는 다양한 프로그램을 통해 자기 계발과 체험을 통해 새로운 세계를 맛보며 자라 갔다.

특히 지역아동센터는 아이들 전도의 장이 되었는데, 센터에 등록하는 아이들은 교회에 출석하도록 권유하여 아동부는 35명 이상이 출석하게 되었다. 매년 5~6명의 아이들이 중고등부에 올라가서 중고등부도 15명 이상을 유지하고 있다. 특히 학부모들과의 관계 속에서 아이들에 대해 상담과 대화를 하다 보면 관계 전도를 통해 부모님을 전도하여 젊은 부모님들이 교회에 출석하는 성과도 있다.

노인목회의 부족한 점 가운데 하나는 성도들의 이해 부족이다. 아직도 이해를 못하는 중직자들이 있어서 안타깝다. 성도들 가운데 목회자가 너무 사회 복지 분야로 치우치고 있다거나 또는 지역을 섬기는 것은 목회가 아니라고 생각하는 성도들의 마음을 충분히 이해를 한다.

또 하나는 주위에서 많은 분들이 도와주시지만 일의 전문성이 필요함을 느낀다. 목회자가 목회의 방향은 제시할 수 있지만 사회 복지의 전문가는 될 수 없다. 그래서 사회 복지 전문 분야의 부교역자가 절실하게 필요함을 느끼고 있다.

나가는 말

창북교회에 부임하여 노인목회에 대한 구상과 더불어 실천을 해 오면서 이 일을 위해서는 첫째는 하나님의 은혜요, 그 다음은 성도들의 기도와 협력이라고 생각한다.

노인목회를 통해 공허한 마을이 교회로 인해 변해 가는 모습이 눈에 선하게 보인다. 매일매일 교회는 아이들로 북적거리고 수요일 오전에는 그렇게 많은 어르신들이 노인대학에 오시고, 노인 일자리 사업을 통해 어르신들이 봉사 활동을 하다 보면 사회적으로, 교회적으로 교회의 역할 비중이 크다는 것을 알 수 있다.

앞으로 노인목회를 하는 분들께 바라는 점은 다음과 같다. 첫째로, 노인목회에 대한 목회 철학이 필요하다. 목회 철학은 노인목회의 방향을 설정해 준다.

둘째로, 노인목회에 대한 필요성을 깨닫고 즐겁게 해야 한다. 노인목회가 즐겁지 않으면 하고자 하는 일이 어려울 때마다 그만 두고 싶은 마음이 많을 것이다.

셋째로, 준비를 잘해야 한다. 프로그램 하나를 준비하기 위해서 많은 연구와 자료를 수집하여 실시할 때 시행착오가 없다. 먼저 시작한 곳을 많이 견학해야 한다.

넷째로, 장기적인 안목을 가지고 실천을 해야 한다. 시행착오가 있을 때마다 보완하고 또 보완하여 최소한 10년 이상을 해야 성과가 나타난다. 힘들고 어려워도 인내하며 언젠가는 성도들이 알아주겠지 하는 마음이 필요하다.

다섯째로, 교회 중직자들의 협력이 필요하다. 당회의 협력은 물론이고 함께 일할 중직자들의 협조를 구하고 책임감을 심어 분야별로 일을 맡겨야 한다.

마지막으로 바라는 점은 "농어촌목회는 공허한 마을을 교회로 만들어 가는 과정이다."라는 것을 명심하고 주님 오시는 그날까지 농어촌교회를 지켜 나가는 우리 모두가 되기를 바란다.

창북교회 임종주 목사
전북 부안군 계화면 창북안길 7-8
063-582-1080

진도교회 노인교실 이야기

| 진도교회 조인희 목사 |

들어가는 말

초고령사회에 접어들었다 한다. 농촌의 현실은 더욱 심각하다. 농촌목회는 노인목회를 하고 싶지 않아도 노인들이 많으니 노인목회다. 농촌목회는 노인목회다. 지금의 노인들은 우리나라를 산업화 사회로 이끈 주역들이다. 세상과 젊은이들은 노인들을 거추장스럽게 여기고 세대 갈등으로 매도하며, 국민연금 이야기만 나오면 젊은 세대의 부담을 강조하며 아직도 노인들의 희생을 강요한다. 하지만 지금의 노인들은 산업화 시대 저임금으로 평화시장에서, 구로공단에서 야근을 밥 먹듯이 했으며, 외화를 벌기 위해 중동의 건설 현장에서, 또한 독일의 탄광에서, 병실에서 피땀을 흘렸다. 월남에서는 생명을 담보로 용병으로 뛰어 경제 산업의 기반을 마련하였다는 것은 부인하지 못할 사실이다. 산업화 정책에 의한 도시 근로자의 저임금에 보탬을 주고자 저곡가 정책으로 농민들은 쌀값을 제대로 받지 못하는 희생을 치렀다는 것은 주지의 사실이다. 도시의 근로자만 산업화의 희생이 아니라 농민들도 농산물을 통해 억지로 지원과 희생을 한 것이다. 이러한 지금의 노인 세대들은 부모님을 모셨으나 자신들은 자녀들로부터 봉양 받지 못하는 낀세대가 되고 말았다. 결국 지금 우리가 잘 먹고 잘사는 것은 산업화 시대인 1970~1980년대의 노동자와 농민들이었던 지금의 노인들 덕택임을 부인하지 못할 것이다. 지금껏 농촌에서 농사를 지은 노인들은 각종 직업병인 허리, 무릎, 어깨 등의 정형외과 계통의 질병이 도시보다 훨씬 많다는 것을 느낀다. 저학력층으로 대개가 육체적 노동에 의지했기 때문이다. 또한 농촌의 노인들은 생활비 마련을 위해 팔십이 넘어도 농사일을 그만두지 못하는 형편에 있다. 이러한 농민들이요, 노인들이요, 교인들의 희생에 보답하는 심정으로 농촌목회에서 작은 도움이 되고자 농한기를 중심으로 노인교실을 운영하게 되었다.

1. 교회 현황과 지역 사회의 현황에 대하여

이곳은 호남의 지붕이라 일컫는 산악 지대이다. 무주군에는 해발 1,000m 이상의 봉우리만 17개이다. 이러한 산악 지대에 분지가 있는데 안성분지이고 면 소재지이다. 하지만 진도리는 이러한 산악 지대의 안성분지 끝자락에 있는 완전한 골짜기이다. 교회가 있는 진원마을도 해발 420m의 산골이다. 산촌 마을의 특성상 골짜기마다 15~20여 가구 내외씩 흩어져 있다. 물론 1908년에 면 지역엔 교회가 생겼지만 이곳엔

1989년에 진도교회가 세워질 만큼 배타적이고 척박한 영적 토양이다. 물론 전답이 부족해서 안성면에서 유일하게 행정용어로 '조건불리지역'이라 불리는 지역이다.

우리 교회도 전형적인 미자립교회였으나 2008년 12월 자립하였다. 진도초등학교 폐교 부지에 기사련 회원 중심으로 김경남 목사 등이 주축이 되어 1999년에 대안학교인 푸른꿈고등학교가 개교되고, 허병섭 목사가 오동마을의 없어진 산촌 마을을 생태 마을로 복원하는 등 귀농, 귀촌 인구가 꾸준히 유입되어 현재는 약 70여 명의 장년 교인 중 절반은 귀촌, 귀농 교인으로 구성되어 있다. 또한 드물게 교회학교는 아동부 25여 명, 학생회 15명 정도이다. 교회 바로 뒤편으로는 교회와는 별개로 집사들을 중심으로 12년째 만나지역아동센터를 운영하고 있고, 30명의 아동들이 돌봄을 받고 있으며, 이곳은 전북 우수 아동센터이다. 교회에서는 이곳을 후원하고 있다.

2. 노인목회를 시작하게 된 동기 및 배경

농번기가 지나고 가을걷이가 끝나면 농한기가 되는 11월부터 마을회관을 중심으로 공동 식사가 진행된다. 11월부터 4~5개월의 겨울은 무료하다. 마을회관에 모여 화투도 치지만, 면에서 점점 거리가 떨어져 산이 깊은 마을일수록 술이 세다. 술독에 빠져 농한기인 한겨울을 지내는 모습을 보았다. 눈이 많이 내리고 추운 산 위의 겨울은 깊고 길다. 그래서 전임자가 2007년 발 마사지 사역을 중심으로 만들어 놓은 노인교실을 이어받아 농한기에 여는 문화센터 개념으로 꾸준히 운영해 왔고, 2008년 부임부터 9년째 이어오고 있다.

3. 본 교회의 노인목회 내용 및 프로그램

1) 프로그램 진행 시간별 방법 및 내용 소개

프로그램의 운용 기간은 농한기인 12월, 1월, 2월의 3개월 기간에 매주 화요일 1회 12강좌 내외이다.

장소는 처음에는 접근성을 높이기 위해 교회 옆 진원마을회관을 이용했다. 하지만 마을회관을 이용하는 사람들과 노인교실 참여자 간에 서로 장소 문제로 마찰이 있었고, 회관의 보일러 기름도 한 드럼씩 넣어 주곤 했으나 기름을 사용하는 것에도 문제가 발생하여 지금은 교회 식당(교육관)을 이용하고 있다.

프로그램 운영 시간을 소개한다. 9시에 각 마을로 차량 운행을 한다. 차량 운행은 목회자인 내가 직접하기도 하고 수업 준비에 바쁘면 노노봉사자인 이○○ 님이 해 주신다.

추위를 뚫고 10시에 모이면 간단한 담소를 나누며 오느라 추워진 몸을 차를 한 잔씩 마시면서 푼다. 차의 종류는 봉지 커피나 교회 앞마당 대추나무에서 딴 대추를 이용한 대추차이다. 10시 30분까지 손유희, 레크리에이션, 발 마사지, 건강 체조를 하면서 웃고 떠든다.

건강 체조의 내용 중 몇 가지를 소개하면 다음과 같다.

(1) 박수 건강 체조

구령이나 노래에 맞춰 손 털기로 시작한다. 손끝박수, 손마디박수, 손바닥박수, 손목박수, 손등박수, 주먹박수 등을 하는데 사용되는 노래는 '퐁당퐁당 돌을 던져라', '나의 살던 고향은', '학교 종이 땡땡땡', '내게 강 같은 평화', '예수님 찬양' 등을 부르면서 박자에 맞춰 건강 체조를 한다. "하나 둘 셋 넷 다섯 여섯 일곱 여덟 둘 둘 셋 넷……." 하는 구령도 이용하여 박수나 두드리기를 하기도 한다.

(2) 주무르고 두드리기 체조

발을 뻗고 앉아 손끝부터 팔, 어깨, 가슴, 배를 두드린다. 반대편 다른 팔도 똑같이 한다. 다리도 한 발을 발끝부터 배까지 똑같이 두드린다. 그리고 머리도 다섯 손끝을 구부려 두드린다. 얼굴도 손바닥으로 비빈다. 목 돌리기를 하고 목도 스스로 경추를 마사지한다. 계속 중간중간에 손 털기를 한다.

(3) 협동하여 마사지하기

기차 줄로 나란히 앉아서 서로의 등을 목부터 허리까지 구령이나 노래에 맞춰 두드린다. 주먹으로 살살, 손날로 세워서 두드리기, 손바닥으로 두드리기를 하다가 끝날 때 겨드랑이 간지럼 태우기를 하며 반대편으로 줄을 교대한다.

(4) 거울 쪼개기

제일 재미있고 좋아하는 유희는 거울 쪼개기이다. 두 사람이 서로 마주 본다. 자기 두 손바닥을 붙이고 손바닥이 자기 얼굴로 향하게 하곤 하나 둘 셋에 맞춰 손바닥이 둘로 쪼개지면서 서로 마주 보며 "나 예뻐?" 라고 한다. 매번 해도 매번 뒤집어지는 게임이다.

12시까지 한글교실을 한다. 한글교실 대신에 간혹 외부 건강 강좌나 영화를 볼 때도 있다. 한글 교재는 휴먼어린이에서 나온 「초등학교 1학년 우리말 우리글」을 사용하고 있다. 자음, 모음순으로 한 단원씩 되어 있어 매우 쉽고 좋은 한글 교재이다. 보조 교재로 낱말 카드 맞추기, 자음 모음 단어 카드를 이용하여 낱말 만들기 게임을 편을 나누어 진행한다. 한 단원이 끝날 때마다 받아쓰기를 하여 채점하고 시상한다. 노노봉사자가 필요하다. 노노봉사자는 한글을 아는 노인이 모르는 노인 2명을 옆에서 개인 보조해 주는 것이다.

한글을 배워서 직접 성탄 카드를 만들어 손자들에게 편지를 쓴다. 내용은 대개가 이렇다. "손자 ○○야 내가 만든 카드다. 내가 직접 쓴 글이다. 건강하냐?" 글도 처음 써 보고 편지도 처음 써 보고, 자화상을 그리라니까 그림도 처음 그려 본단다. 영화관에 데려가니 몇몇은 영화도 처음 본단다. 무주리조트에서 곤도라에 태워서 설천봉에서 내려다 보이는 안성면에서 흘러가는 우리 동네 골짜기를 보여 주니 다 처음이란다. 농촌에서 농사만 지으신 노인들에게 늘 첫 경험을 해 드리는 보람이 있다.

1시까지 점심식사이다. 교회 식당을 교실로 이용하기에 간단한 음식들을 먹는다. 만둣국, 잔치국수, 굴국밥, 칼국수, 무밥, 비빔밥 등이다. 수강생이 가져온 고구마나 간식 등도 나눈다. 봉사자로는 사모 외에 2~3명이 있다.

1시부터 3시까지 오후 시간은 공예 만들기 교실이다. 공예 만들기 교실은 외부 강사가 올 때가 있는데 자원봉사자일 때가 많다. 외부 강사에게는 간단한 감사 선물로 효소나 말린 농산물을 드리기도 한다. 외부 강사는 면사무소와 연결되어 면사무소 문화 프로그램의 일환으로 강사를 지원 받는 경우도 있다. 그러나 대개는 교회 내의 자원봉사자이다. 사모는 공예교실을 운영하기 위해 평소에 공예방에서 배운 후 노인교실에서 활용하고 있다.

공예교실의 주된 프로그램 내용은 다음과 같다.

- 2007년 참석 인원 20명-발 마사지
- 2008년 참석 인원 46명-타일에 자화상 그리기, 사진 액자 만들기, 찜질방, 티셔츠에 황토 염색하기, 비즈로 핸드폰 고리 만들기, 자녀에게 성탄 카드 만들어 보내기
- 2009년 참석 인원 48명-딱지 벽거울 만들기, 성탄 카드 만들어 써서 보내기, 사탕 바구니, 매듭 공예, 도자기 목걸이 만들기, 비즈 복주머니, 도자기 컵 만들기, 이미용 봉사
- 2010년 참석 인원 29명-건강 체조, 발 마사지, 자화상 그리기, 손거울 만들기, 골판지로 만들기, 풍선 공예, 온천 나들이, 건강 체크, 수액 봉사
- 2011년 참석 인원 27명-냅킨 공예로 천 가방 만들기, 사진 액자, 성탄 카드, 비즈 공예로 반지 만들기, 냅킨 공예로 휴지 케이스, 벽거울 만들기, 뜨개질로 넥 워머 만들기
- 2012년 참석 인원 27명-평화요양원 건강 강좌, "기봉이" 영화, 한지공예 육각과반, 연하장 만들기, 머리띠 만들기, 코사지 만들기, 찜질방, 가방 뜨개질, 종강 파티
- 2014년 참석 인원 13명-파우치 필통 만들기, 진주 목걸이 만들기, 진주 반지 만들기, 뜨개질로 가방 만들기, 한글반 강의
- 2015년 참석 인원 14명-펄러비즈 카드 만들기, 펄러비즈 핸드폰 고리 만들기, 펄러비즈 열쇠고리 만들기, 지끈 공예로 냄비 받침 만들기, 지끈으로 바구니 만들기, 찜질방 여행, 한글반 강의

- 2016년 참석 인원 20명-수영반으로 운영, 변산으로 해수욕하러 가기

산촌에 살아서인지 다들 물에 안 들어오고 해변에서 구경만 하였다. 그래서 설득하여 억지로 물놀이를 하게 했더니 너무나 신나고 좋아하였다. 그 뒤에는 간간이 해수욕장 가자는 말을 듣게 되었다. 그래서 작년 겨울에 노인교실 개강을 앞두고 무주 읍내에 있는 수달수영장을 이용하게 되었다. 한 번 이용하는 데 1,500원이다. 수영장에는 샤워장과 사우나 시설이 함께 있다. 그래서 올해는 수영교실로 운영하고 있으며 9시에 출발하여 읍내까지 20분 걸리니 12시까지 2시간 30분을 수영한다. 어르신들이 너무나 좋아한다. 허리 통증도 없어졌다 한다. 그리고 무주 읍내의 복지관 경로식당에서 점심을 먹는다.

아직까지 강사 지원 말고는 예산이나 다른 것 대부분을 자체적으로 부담하여 9년을 운영했지만 수영장 이용과 복지관 점심 이용은 미처 생각지 못한 것이다. 읍과 거리가 있는데도 이미 우리 마을에서 두 사람이 복지관과 의료원 물리치료실을 이용하고 있었다.

대개가 노인교실은 농한기 12월, 1월, 2월 3달간 운영하지만 너무 좋다며 계속 수영장에 가자고 해서 금번에는 3월, 4월까지 계속 이어졌다. 5월엔 고추 이식이 바쁘고 지금은 농번기라서 월요일에 부정기적으로 간다.

<2011년 프로그램 계획서>

2011~2012 만나노인교실 강의 계획표			
	날 짜	프로그램	강 사
1	12월 8일	즐거운 노년 강의, "기봉이" 영화 상영	평화요양원 임OO 원장
2	12월 15일	한지 공예	반딧불공방 신OO 선생
3	12월 22일	한지 공예	반딧불공방 신OO 선생
4	12월 29일	연하장 만들기	조OO 선생
5	1월 5일	뜨개질(가방)	황OO 선생
6	1월 12일	뜨개질(가방)	황OO 선생
7	1월 19일	뜨개질(가방)	황OO 선생
8	1월 26일	코사지(브로치) 만들기	김OO 선생
9	2월 2일	코사지(머리띠) 만들기	김OO 선생
10	2월 9일	온천 여행	이OO 선생
11	2월 16일	종강 파티	조OO 선생

<노인교실 수료증>

수 료 증 (능력상)

제09-14호

이 름 : 안 ○ ○

위의 사람은 2008년 11월부터~2009년 3월까지의
제2기 노인교실의 소정의 과정을 수료하였기에
이 증서를 수여합니다.

주후 2009년 3월 4일
무주 만나노인교실 학교장 조인희

수료증은 매우 유용했다. 초등학교 졸업이나 혹은 초등학교도 제대로 못 나온 이들에게는 평생 상장을 받아 볼 일이 없다. 각자 특성에 맞춰 상 이름을 붙여 시상했더니 부동자세로 정중히 받는다. 너무나 좋아한다. 집에 갔더니 코팅된 수료증을 벽에다 붙여 놨다. 속으론 웃음이 나왔지만 그들에겐 그만큼 자랑스러웠나 보다.

2) 자원봉사자 관리 및 업무 분장

- 차량 운행은 자원봉사자 이○○ 집사나 목회자가 한다.
- 건강 체조와 한글교실은 목회자가 한다. 하루 전에 전화 연락도 한다.
- 외부 공예 강사 섭외나 건강 강좌 섭외는 목회자가 한다. 강사료는 자원봉사를 원칙으로 하며 군에서 일부 강사를 지원받기도 했다.
- 외부 여행이나 행사는 자체적으로 반장을 두어서 연락하도록 하고, 회비를 걷어서 특식을 사 먹는 경우도 있다.
- 공예반은 조○○ 사모가 주로 운영하고 있다.
- 한글반 도우미 선생님으로는 권○○, ○○ 등 노노봉사자가 있다.
- 간식 준비, 식사 준비는 1~2명의 50대 자원봉사자들이 있다.

4. 노인목회의 예산 및 결산

예산은 처음엔 교회의 지원을 받지 않고 만 원의 후원자들로 구성되어 한 후원자가 연간 12만 원을 후원하였다. 지금은 후원자가 많이 떨어져 5명이 남아 있으며 연간 약 60만 원의 예산이 나온다. 그리고 노인교실이 시작되면 20만 원 정도는 수강생이나 주변에서 후원이 된다. 교회에서는 별도의 예산이 책정되지 않았으나 공예 재료들을 살 때는 예산을 청구하여 선교비 항목에서 50만 원 정도 사용하고 있다. 그래서 연 예산은 150만 원 내외이다.

지출은 강사비는 없고 공예 재료비가 가장 큰 비중을 차지한다. 특히 비즈 공예 같은 경우는 어르신들이 좋아하고 만족도는 높으나 재료비 부담이 크다. 한 번 할 때 1인당 만 원이나 만 오천 원이 들 때도 있기 때문이다. 그 다음이 점심 식사 준비비다. 농촌이라 수강생들이 있는 재료들을 가져오기도 해서 절감하기도 한다. 그 다음이 간식과 차 등의 준비이다. 한글 교재는 도시의 아는 권사님께서 후원해 주셨다. 올해의 경우는 수영장 입장료(인당 1,500원)와 점심 식사비(인당 2,000원)가 들어갔다. 이것이 주된 지출이었다. 찜질방이나 야유회를 갔을 때 외식비 등은 한 10만 원 정도 후원되는 경우도 있어 충당되며 종강 파티 땐 외식을 하거나 치킨 파티를 하기도 한다.

교회에선 공예 재료비 외에 12인승 승합차량 운행 제공, 교육관 사용과 교회 주방 사용 등의 편의가 제공되고 있다. 한겨울이기 때문에 난방비도 있고 해서 교육관(식당)을 사용하는 것만 해도 큰 도움이 된다. 후원자들에겐 수강생이 만든 공예품과 함께 수강생이 만든 카드를 매년 편지와 함께 드린다.

나무로 만든 연하 카드

<노인교실 후원자 편지>

무주 만나노인교실 소식

주소 : 전북 무주군 안성면 진도리 434-1

장소 : 진원마을회관, 진도교회 봉사관
발행인 : 조○○
후원관리 : 조○○
발행일 : 2012년 1월 5일
2007년부터 연 1회 발행 제5호

2011년 12월 8일 무주 만나노인교실이 개강되었습니다. 12월 8일 개강식은 무주에 있는 평화요양원 임○○ 원장을 모시고 "행복한 노년"이란 제목으로 특강을 들었습니다. 또한 "기봉이" 영화를 감상하였고 찰떡 파티를 했습니다.

1월 15일 강좌에서는 한지 공예로 다용도 수납 바구니 만들기 공예를 하였습니다. 그리고 22일에는 한지 공예로 육각과반 만들기를 하였습니다. 29일에는 연하장 만들기를 우드 공예로 만들어 도시에 있는 손자들에게 보내었습니다.

그리고 매번 노인교실 만들기 공예를 마친 후 간식을 먹고 있습니다. 호떡, 찰떡, 호박죽, 부침개 등 다양한 품목으로 30여 명의 노인들을 대접하고 있습니다. 간식 후에 한글교실이 있는데 간단한 숫자부터 가르치고 있습니다. 전화 거는 법, 돈에 적혀 있는 숫자 계산법을 가르쳤습니다. 전화번호를 누르고 다들 신기해합니다. 무주 만나노인교실이 운영되고 있는 마을 환경을 소개합니다. 여기는 해발 420m 산골짜기입니다.

앞에는 금강 상류 지천이 흐르고 있습니다. 진도리는 10개의 산촌마을로 이루어져 있습니다. 한 20여 가가 점처럼 산 하나 넘으면 골짜기마다 점점이 박혀 있는 마을입니다. 10개의 부락 명칭은 다음과 같습니다. 도치, 효자반, 진원, 회호, 오천, 상오동, 벌묘, 하오동, 장항, 산촌 마을입니다. 산골짜기라서 논이 아주 적어서 산비탈을 개

한지 공예 물결무늬 수납 바구니 만들기

간하여 농사짓는 밭작물 위주의 소규모 영농이 대부분입니다. 그래서 아주 경제적으로 열악한 곳입니다. 정부의 공식 용어로 안성면에서 유일하게 '조건 불리지역'으로 지정되어 농사 직불금이 논뿐만 아니라 밭작물에도 나오고 있는 지역입니다. 산악의 경사도와 논이 없어서 경작 조건이 불리하다고 정부로부터 지정된 지역입니다. 반면에 자연이 잘 보존되어 있어 사람 살기에는 좋은 청정 지역입니다.

농한기에는 산촌 마을이 그러하듯이 무료합니다. 그리고 문화적 혜택도 열악합니다.

2007년부터 매해 꾸준히 농한기에 노인교실을 운영하고 있습니다. 담당 선생으로는 후원 관리 ○○○ 선생님, ○○○ 선생님은 총괄합니다. ○○○ 선생님은 차량 운행과 한글교실을 맡고 있습니다. 그리고 여러 자원봉사자들과 함께 노인교실을 운영하고 있습니다.

자원봉사자 ○○○ 선생님은 간식 담당, ○○○ 선생님은 레크리에이션 담당, ○○○선생님은 뜨개질 강사, ○○○ 선생님은 머리띠 만들기 강사, ○○○ 선생님은 한지 공예를 맡고 있습니다. 마을 어른들의 호응이 대단합니다. 순전히 후원으로 운영비가 충당되고 있는데 재료비만 해도 만만치 않습니다. 후원하고 계시는 여러분께 감사드립니다. 자체적으로 알아보고, 노인교실 무료 강사를 자원봉사자로 알아보는 것에 한계가 많습니다. 차량을 운행해야 올 수 있는 환경이기에 봉고차를 운행하고 있습니다.

보내 드린 무말랭이는 노인교실 회원들이 한두 개씩 가져와서 정성껏 말린 산촌 식품입니다. 작은 것이지만 후원에 감사드리며 맛있게 드십시오. 앞으로도 지속적인 후원이 필요합니다. 전액 후원으로 노인교실이 운영됩니다. 작은 정성이 농한기에 눈 속에서 무료하게 보내는 겨울을 알찬 시간으로 메꿔 줍니다.

5. 노인목회의 성과와 부족한 점(아쉬운 점), 앞으로의 해결 과제, 향후 계획

"주는 것이 받는 것보다 복되다."란 말이 사도행전에 있다. 노인교실을 하면 불신자들이 교회에 나오기를 원한다. 노인교실 수강생들은 불신자와 신자가 5 : 5 정도지만 교회 나오기를 강조하지 않는다. 때가 되면 나올 수도 있고 교회에 대해 호감을 가지면 그 자체로 좋다. 선교의 목적이기도 하지만 절대 강요해서는 안 된다. 더욱이 진행자인 목사는 주기만 해야 한다. 최근에 교회 뒤의 폐가를 헐고 정리하여 게이트볼장을 만들었다. 올해는 노인교실 프로그램을 수영장으로 했더니 여자들이 너무 좋아하고 있다.

노인 프로그램 운영자들은 사고를 염려하여 야외 활동을 꺼려한다. 그러나 어르신들은 야외 활동(수영장, 꽃구경, 찜질방)을 너무 좋아한다. 그동안 공예, 한글교실 등 너무 정적인 활동에만 치중했지 않나 생각해 본다.

나가는 말

해년마다 농한기가 돌아오면 올해는 뭘 할까 고민도 했다. 하지만 지금까지 9년째 이어 오고 있으니 너무나 좋다. 그중에 벌써 세상을 떠난 이들도 몇몇 있고, 남들이 다 하는 것을 해 보지 못했으나 해 볼 수 있는 기회가 생긴 것에 기뻐하는 모습이 너무나 좋다. 어느 해인가는 베트남 여행을 추진하면서 여권을 만들기 위해 군청 민원실에서 기다리고 사진관에서 줄서서 사진 찍고 여권을 만들었는데 그 모습 자체가 너무 보람이 있었다. 처음 비행기 타고, 처음 해외여행을 가 본 것이다. 비록 이 여행은 각자가 경비를 마련했고, 교회에서는 자녀들과는 함께 하지 못한 기회만 준 것이었다. 거창하지 않았다.

성탄 카드 만드는 것도 처음, 자신이 한글로 쓴 편지 부치는 것도 처음, 영화 보는 것도 처음, 자화상 그리기도 처음이다. 현대의 보통 사람들은 초등학교만 나와도 처음이 아닌 일상의 것들이 노인들에게 모두 처음 경험된 것이다. 그것은 대단한 것도 거창한 것도 아니다.

진도교회 조인희 목사
전북 무주군 안성면 진도리 434-1
063-323-1934

영천화산교회 노인목회 이야기

| 영천화산교회 이상도 목사 |

들어가는 말

"노년을 즐겁게, 노년을 아름답게, 노년을 건강하게, 노년을 보람되게"라는 주제로 운영되어 온 영천화산교회 부설 화산노인대학은 본 교회 창립 80주년 기념사업으로 출발하게 되었으며, 어느덧 13살을 맞이하게 되었다. 노인대학은 교회가 지역 사회에 봉사함으로 예수님의 섬김을 실천하는 데 그 목적이 있다. 현재는 화산면과 면 노인회의 적극적인 지지 속에 뿌리를 든든히 내렸으며, 해마다 노인 대학생들의 관심과 열정과 자부심이 뜨거워지고 있다.

1. 교회 현황과 지역 사회의 현황에 대하여

1) 교회 현황

영천화산교회는 경북 영천시 화산면 장수로 982-1(유성리)에 위치해 있다. 1924년 12월 대구 동산 성서신학생들의 전도로 이 지역에 복음의 씨앗이 떨어져 가정교회로 출발한 화산교회는 올해 93년을 맞았다.

화산교회는 농촌에 있는 작은 교회로서 한국전쟁으로 공산당에 의해 예배당과 모든 자료들이 전소되는 아픔을 겪었다. 작은 마을에서 시작한 화산교회는 3회에 걸쳐 겨우 면 소재지로 이전을 하였고, 현재 교회학교 10명 미만, 성인 성도 수 50~60여 명이 출석을 하며, 그중 2/3는 노인들로 구성되어 있다. 적은 숫자의 성도들이 힘을 합하여 90여 명의 지역 노인들(90%가 비그리스도인으로 구성되어 있음.)로 이루어진 노인대학을 섬기고 있으며, 40여 명의 어린이 토요독서교실을 운영하면서 헌신하고 있다. 화산교회는 이러한 섬김의 삶으로 제2의 부흥을 꿈꾸고 있으며, 작지만 강한 교회로 지역 사회에 강력한 영향력을 나타내고 있다.

2) 지역 사회 현황

화산교회는 화산면 소재지에 있으며 영천 시내와 12km, 대구시까지는 37km 정도 떨어져 있다. 화산면은 상권이나 도시가 형성되어 있지 않아 특별한 구심점이 없는 상태이며, 대부분이 농사를 짓는 24개 마을로 구성되어 있고, 인구는 3,350명이다. 주된 농작물은 마늘, 양파, 포도, 복숭아, 자두, 벼 등 복합 영농을 하고 있으며, 경제적인 상황은 열악하나 최근 조금씩 좋아지고 있는 편이다. 주변에 농공 단지가 조성

되어 있지만 모두 시내의 사람들이 출근하는 실정이다.

면 소재지에 있는 병설 유치원생은 전체 9명, 초등학교 전교생은 31명이며 분교 유치원생 4명, 분교 초등학생 15명, 중학생은 18명으로 면 전체 학생 수가 77명이다. 주변에는 시안미술관이 있으며 별별미술마을이 최근 형성되었다. 복지 시설은 부랑인 시설 한 곳, 청소년 보호 시설 한 곳, 요양원 한 곳이 있으며, 천주교 공소 1개 처, 불교는 14개 처가 있다. 또한 영천의 대형 사찰인 갓바위, 은해사, 만불사가 위치하고 있어 불교 강세 지역이다. 그리고 서원, 정자, 재실이 40여 개가 넘을 만큼 유교 사상이 뿌리를 내리고 있으며 문중 집성촌이기도 하다.

이에 반해 개신교회는 모두 5개 교회가 있지만 3개가 자립 대상 교회로 열악한 상황이다. 그래서 영천은 기독교의 백마고지란 말이 있을 정도로 기독교세가 약한 지역이다. 최근 귀촌·귀농인들이 들어오는 듯했으나 이 지역에 도청이 이전되었으면 하는 바람과 경마공원 조성 관계로 땅 값만 상승되어 인근 지역으로 귀농하는 추세를 보이고 있다.

2. 노인목회를 시작하게 된 동기 및 배경

농촌 인구는 급감하였고, 노년층은 증가하였으며, 농촌의 생활 수준은 향상되는 사회적인 현상으로 인해 물품 지급을 기반으로 하는 전도가 한계에 봉착하게 되었다.

2003년 7월 미국 뉴욕연합한인교회 청소년 조국 순례단이 본 교회를 방문하여 주민 초청 경로잔치를 베풀었는데, 많은 어르신들이 참석하여 호평을 받았다. 그것이 계기가 되어 교회가 지역민을 섬기고 봉사하는 장이 되고자 공간을 마련해야겠다는 필요성에 공감하고 있었고, 농촌의 사회적인 위기의식에 변화의 바람이 필요했으며, 지역민을 찾아가고 소통하기 위해서는 노인대학이 가장 좋은 대안으로 떠올랐다.

2003년 연말 당회에서 교회 창립 80주년 기념사업으로 노인대학과 청소년 공부방을 개설하기로 하고 준비하여 2004년 3월 지역 주민들과 기관장을 모시고 제1회 노인대학을 시작하였으며, 2015년에는 제10회 졸업식을 가졌다. 2016년 3월, 제13회 입학생을 모집하였으며 90명이 등록되어 알차게 운영되고 있다.

매년 설날이 되면 학장(목사)과 학생 회장이 24개 마을을 심방하듯이 순회하며 음료수를 들고 새해 인사를 다녔고, 노인대학 입학생 모집 포스터를 들고 가서 설명을 하며 홍보를 하였다. 지역 노인들을 위한 교회와 목사의 순수하고 아낌없는 헌신에 어르신들은 감동을 받았으며 비그리스도인들이 교회의 문턱을 쉽게 드나들게 되는 계기가 되는 등 교회의 이미지는 지역에서 급부상하게 되었다.

노인대학의 교육계획 수립 후 주민들의 출입이 잦은 곳에 입학생 모집 대형 현수막과 마을별 버스 승강장과 경로당에는 대형 포스터를 부착하여 노인대학을 홍보하고, 재학생들에게도 입학식 안내문을 담은 편지를 발송하여 여러 형태의 모집 홍보를 하였다.

한동안은 노인 대학생 숫자가 많이 모집되었으나 10여 년을 지내오면서 노인들의 기대 심리가 줄어들었고, 힘겹게 열악한 환경에서 봉사하던 성도들도 고령화됨에 따라 지쳐 가기 시작했다. 그리고 노인들을 위한 많은 프로그램들을 지자체가 앞다투어 운영하게 되면서 프로그램의 홍수 속에 차별화된 교육이 필요하게 되었고, 노인대학도 전면적인 재정비가 필요한 국면을 맞았다. 새로운 커리큘럼 개발을 위해 발로 뛰는 끊임없는 노력과 고령화된 성도들의 자발적인 기도와 헌신으로 노인대학은 새로운 도약을 하게 되었으며, 노인 대학생 숫자가 줄어드는 양상에서 다시 회복세를 보이며 증가하고 있다.

3. 본 교회의 노인목회 내용 및 프로그램

1) 노인목회

노인목회는 노인들의 영혼을 사랑하고, 그들의 자녀들을 위해 오로지 희생하며 살아온 삶에 위로의 보상으로 '노년을 즐겁게, 노년을 아름답게, 노년을 건강하게, 노년을 보람되게' 살게 해 주고 싶은 마음에서 시작되었다. 노인목회에 있어서 노인대학과 전도를 바로 결부시키면 쉽게 좌절할 수 있음을 주의해야 할 필요가 있다. 이 지역은 유교 문화가

뿌리 깊고 불교 강세 지역이므로 전도를 위해 지속적인 기도를 하되 어르신들의 필요를 진심으로 챙김으로써 교회의 인식 개선과 인정을 받는 것이 선행될 필요가 있었다. 10여 년의 노인대학 사역이 교회의 이미지를 긍정적으로 바꾸어 놓은 것과 비그리스도인의 교회 출입이 쉬워졌다는 것은 놀라운 성과이며 속도는 느리지만 꾸준한 전도의 열매도 거두고 있다.

노인 대학생들이 병들거나 어려운 일이 있으면 성도들과 함께 심방을 가고 있으며, 자신의 일은 열 일 제쳐 놓고 땀 흘리며 대가 없이 봉사하는 화산교회 성도들의 모습을 통해서 노인 대학생들은 감동을 받고 있다. 노인 대학생들은 이미 이런 교회의 모습을 통해 예수 그리스도의 모습을 보고 있는지도 모르겠다.

2) 프로그램

(1) 화산노인대학 및 늘푸른교실

화산노인대학은 봄학기 3개월(3-5월), 가을학기 3개월(9-11월) 연 6개월간 운영을 하며 2년 과정을 거친 후 졸업식을 가진다.

교육 과목은 무용교실, 수지침교실, 컴퓨터교실, 문해교실(한글, 수학), 노래교실, 하모니카교실, 서예교실, 실버 체조, 사물놀이, 취미교실(클레이아트, 한지 공예, 종이접기, 풍선 아트 등)로 운영되었으며 매년 일부 강좌가 신설되거나 폐지되었다.

현재는 고전 무용, 수지침, 컴퓨터, 문해(한글, 수학), 노래교실이 운영되고 있다. 그리고 명사 초청, 건강 강좌, 금융 관련, 보이스피싱, 독도, 대마도, 위안부, 마상재, 다문화 이해와 같은 사회적인 문제와

문화 관련 특강이 진행되고 있으며, 분기별 생일잔치, 문화 탐방, 이미용 서비스와 북 카페 등을 운영하고 있다.

매년 초 노인대학 운영 계획을 수립하고 개설 강좌와 발 빠른 강사 모집을 통해 지역 노인들의 지적 욕구를 충족시켜 주기 위하여 노력하고 있으며, 노인대학 운영위원회와 학생회를 조직하여 명실상부한 대학의 면모를 갖추고 있다.

(2) **토요독서교실(연관된 다른 분야의 사업 소개)**

지역 어르신들을 섬기는 노인대학이 올해로 13년째를 맞이하면서 이제는 정착이 되었고 안정된 궤도에 올라섰다. 그러던 중 행복한 고민에 빠졌다. 어린아이들이 시골이라서 없기도 하지만 교회학교가 점점 약해지고 있어서 마음속에 노인목회에만 너무 치중하는 것이 아닌가 싶어 가슴속에 응어리처럼 와 닿았다. 기도하던 중 어린이들을 어떻게 하면 전도할 수 있을까 고민하던 가운데 지난해 작은도서관협회에서 주관하는 독서지도사 1급 자격증을 취득하고 글쓰기 훈련을 계속하면서 독서 글쓰기 훈련을 교회에 접목해야겠다는 결심을 하게 되었다. 그러나 이 지역 초등학교 학생 전체 인원이 30여 명뿐인데 독서교실을 하면 몇 명이나 등록할까 고민이었다. 그러던 차에 운영위원회를 구성하여 독서교실에 대한 설명회를 갖고 반응을 살폈다. 주 중에 하면 봉

사자가 없지만 토요일에 하면 대학생들과 젊은 성도들이 토요일이 휴일이기 때문에 봉사자 모집에는 어려움이 없었다. 그래서 홍보 전단지를 만들어 나눠 주고 모집하였더니 반응이 좋았다. 첫날 23명이 등록하였고, 그중에 시내에서 독서교실에 오는 학생들이 10명이나 되었다. 현재 학생들은 38명이 등록하여 배우고 있으며, 그중 19명이 영천 시내에서 면 소재지에 있는 토요독서교실에 참여하고 있다.

독서교실이 좋은 소문이 나니 영천 시내에 있는 부모들이 자기 승용차로 아이들을 데려온다. 이것을 보면서 부모들의 자녀교육에 대한 관심이 높다는 것을 알 수 있었다. 독서교실을 잘 운영하여 이 아이들이 주일에도 올 수 있도록 교회학교를 위한 기도를 드리고 있다.

(3) 작은 도서관 운영

토요독서교실을 운영하다가 더 많은 책들을 학생들에게 공급해 주고 싶었다. 그리고 책을 통해 누구나 배울 수 있도록 공간을 마련해야겠다는 생각을 하게 되었고, '꿈을 이루어 별처럼 빛나게 하는'의 의미를 담아 '꿈별작은도서관'을 시에 신청하여 등록증을 받게 되었다. 작은 도서관을 통하여 지역의 젊은 사람들과 소통하기 위한 장으로 삼기 위해 또 다른 꿈을 꾸어 본다.

<화산노인대학 2016년도 상반기 교육계획서>

1. 일일 시간표

시 간	내 용	비 고
08 : 30~09 : 40	차량 운행	북 카페 운영 (문고개설,
09 : 40~10 : 00	아름다운 이야기(경건회)	

10 : 00~11 : 00	문화교실(무용, 수지침, 한글, 수학, 컴퓨터)	컴퓨터 및 인터넷 사용, 팩스 무료 서비스, 차, 음료 제공)
11 : 00~11 : 10	티 타임	
11 : 10~12 : 10	특강 및 노래교실	
12 : 10~13 : 00	중식 제공	
13 : 00~14 : 00	귀가 차량 운행	

2. 월별 교육

월	일	1부 문화 강좌	2부 노래교실 및 특강
3	2	문화 강좌 개강 (무용, 수지침, 문해, 컴퓨터)	노인대학 입학식(기관장 초청), O.T
	9	(무용, 수지침, 문해, 컴퓨터)	신입생 환영회
	16	(무용, 수지침, 문해, 컴퓨터)	노래교실
	23	(무용, 수지침, 문해, 컴퓨터)	웃음 치료
	30	(무용, 수지침, 문해, 컴퓨터)	건강 강좌, 1/4분기 생일잔치
4	6	(무용, 수지침, 문해, 컴퓨터)	노래교실
	13	(무용, 수지침, 문해, 컴퓨터)	클레이아트
	20	(무용, 수지침, 문해, 컴퓨터)	문화 탐방
	27	(무용, 수지침, 문해, 컴퓨터)	특강/행복한 노년
5	4	(무용, 수지침, 문해, 컴퓨터)	노래교실
	11	(무용, 수지침, 문해, 컴퓨터)	명사 초청 특강/대마도
	18	(무용, 수지침, 문해, 컴퓨터)	노래교실
	25	(무용, 수지침, 문해, 컴퓨터)	특강-보이스피싱 대처법 2/4분기 생일잔치, 종강식
상기 일정은 사정에 따라 조정될 수 있습니다.			

<토요독서교실 2016년 상반기 교육계획서>

1. 일일 시간표

시 간	매주 토요일	비 고
09 : 00~10 : 00	통학 차량 운행	1. 매주 간식 제공

10 : 00~11 : 00	독서교실	2. 오카리나 교육은 격주로 실시(악기 구입은 개별 구입) 3. 창작 활동, 문화 강좌는 회비 없음
11 : 00~11 : 10	간식 타임	
11 : 10~12 : 00	오카리나 강좌 및 창작 활동	
12 : 00~13 : 00	귀가 차량 운행	

2. 세부 시간 및 담당자

구 분	내 용	담당자	비 고
09 : 00~10 : 00	통학 차량 운행	1. 화산면 : ○○○ 2. 시내 1 : ○○○ 3. 시내 2 : ○○○	화산면 지역만 차량 운행 시내권은 개별 도착
10 : 00~11 : 00	독서교실	1. 출석 체크 : ○○○ 2. 책 읽기 및 글쓰기 1) 유치반 : ○○○ 2) 초 1~2학년 : ○○○ 3) 초 3~6학년 : ○○○ 도우미 : ○○○	1. 책 읽기 : 20~25분 2. 글쓰기 : 20~25분 3. 지도 : 10~20분
11 : 00~11 : 10	간 식	담당 : ○○○	간식 목록표 만들기
11 : 10~12 : 00	오카리나 및 창작 활동	1. 오카리나 : ○○○	1. 영어 노래 부르기 : 10분 2. 오카리나 : 40분
		2. 창작 문화 활동 1주 : ○○○ 3주 : ○○○	1. 재료 준비 2. 만들기
12 : 00~13 : 00	귀가 차량 운행	1. 화산면 : ○○○ 2. 시내 1 : ○○○ 3. 시내 2 : ○○○	

3. 토요독서교실 상반기 교육 계획서

월	일	1부	2부	비 고
3	12	독서교실 O.T	레크리에이션, 풍선 아트	피자, 통닭 파티 LED 스포츠 밴드 증정
	19	독서교실	구연동화(동화 듣기)	동화 구연가 초청

	26	독서교실	떡볶이 파티	오카리나 협의 후 준비
4	2	독서교실	오카리나	영어 동요 부르기/오카리나 준비
	9	독서교실	클레이아트	클레이아트 재료 준비
	16	독서교실	오카리나	영어 동요 부르기/오카리나 준비
	23	문화 탐방	문화 탐방	아름다운 화본역, 엄마·아빠 어린 시절 추억의 학교 화본마을 기차 투어
	30	독서교실	오카리나	영어 동요 부르기/오카리나 준비
5	7	독서교실	영화 상영 (문학 작품 감상)	어린이 애니메이션(2층, 영상 장비 구비)
	14	독서교실	오카리나	영어 동요 부르기/오카리나 준비
	21	독서교실	레크리에이션	레크리에이션 도구 준비
	28	독서교실	오카리나	영어 동요 부르기/오카리나 준비
6	4	독서교실	종강 파티	제과 만들기
참조 사항		• 위 교육 일정은 사정에 따라 일부 조정될 수 있음. • 오카리나 중창단을 조직하여 종강 발표회 가짐. • 연말 독서 감상문 쓰기 대회 • 수강료 무료, 개인 악기는 개인별 구입		

4. 노인목회의 예산 및 결산(연간)

1) 화산 노인대학 예결산표

수 입		지 출	
항 목	금 액	항 목	금 액
교회 보조금	3,500,000	강사비	8,500,000
지방 단체 보조금	13,000,000	북 카페 도서 구입비	660,000
수강료	1,600,000	사무비	800,000
		차량 지원비(자)	1,800,000
		냉난방 지원비(자)	1,000,000
		교육 지원비	1,010,000

		홍보비	450,000
		간식비(자)	780,000
		봉사자 위로비(자)	500,000
		부식비(자)	2,600,000
합 계	18,100,000	합 계	18,100,000

2) 토요독서교실 예결산표

수 입		지 출	
항 목	금 액	항 목	금 액
교회 보조금	1,800,000	강사비	500,000
개인 후원금	1,300,000	홍보비	200,000
		교사 교통 지원비	300,000
		간식비	800,000
		문화 탐방비	300,000
		시상비	200,000
		교육 기자재 구입비	500,000
		비품 구입비	100,000
		세미나비	200,000
합 계	3,100,000	합 계	3,100,000

5. 노인목회의 성과와 부족한 점(아쉬운 점), 앞으로의 해결 과제, 향후 계획

1) 성 과

작은 교회가 감당하기 어려운 노인대학을 시작하였지만 큰 축복을 많이 받았다. 많은 축복 가운데 가장 큰 축복은 성도들의 마인드가 변한 것이 가장 큰 축복이라 할 수 있다. 어려운 환경과 열악한 재정으로

2008년 부임할 당시만 하더라도 4,500만 원 예산에서 현재 7,000만 원 예산으로 증가하는 축복을 받았다. 또한 노인 대학생들이 증가하니 나머지는 저절로 이루어졌다. 승합차도 1대에서 2대로, 교회 사택 리모델링과 낡고 열악한 옛날 주방 및 부속건물도 최신식으로 리모델링하여 편안하게 사용하고 있다. 또한 설거지하는 데 편리하도록 식기세척기를 들였고, 무릎 불편하신 어르신이 불편하지 않도록 화장실도 최신식으로 개조하였으며, 특히 어르신이 2층 본당으로 올라가기 힘들어 하자 리프트를 설치하여 어르신들이 교육하고 예배드리는 데 아무 어려움이 없게 되었다.

노인대학을 하다 보니 가장 필요한 것이 교육 공간 문제였다. 교회 앞에 빈 건물을 놓고 기도했는데 하나님의 은혜와 주민들의 적극적인 지원으로 시에서 3천만 원을 들여 20평 건물을 깨끗하게 리모델링하여 무상으로 쓰도록 대여해 주었다. 건물과 동시에 딸린 마당도 사용하므로 주차장 공간도 확보되었다. 이 모든 것이 섬김의 축복이요, 기도 응답의 역사라고 성도 모두가 기뻐하였다. 이 건물을 사용하여 주 중에는 작은 도서관으로, 수요일은 노인대학 교육 공간으로, 토요일은 토요독서교실로 다양하게 사용하고 있다.

무엇보다 큰 성과는 교회를 바라보는 긍정적인 시각이다. 교회가 행사를 할 때면 지역에서의 적극적인 협조가 이루어지고 있으며 교회가 칭찬을 받고 있다는 것이다.

2) 아쉬운 점 및 해결 과제

지역 사회와 소통을 하기 위한 가장 좋은 프로그램 중의 하나가 노인대학이라 할 수 있다. 그러나 인력과 재정, 강사 등 모든 면에서 부족한 농촌에서 노인대학을 운영하기란 쉽지 않다. 다른 교회에서 하니 성급하게 따라 하기 쉬운데 그렇게 하면 실패하기 쉽다. 1~2년이야 잘 할 수 있을지 모르지만, 장기적으로 꾸준히 하기란 쉽지 않다. 똑같은 프로그램을 계속할 수는 없다. 강좌도 차별화해야 하고 강사도 변경하여 좋은 강사를 모집해야 한다. 그래야 기대심이 생겨 꾸준히 운영할 수 있다. 또한 봉사자도 힘들다. 그래서 정기적으로 연 1~2회 봉사자 나들이를 통해 봉사자 위로회를 하고 격려한다.

부목사로 사역하다가 담임목사가 되어 노인대학을 하려고 보니 너무나 부족한 게 많다. 시험 치면 점수는 잘 받을지는 몰라도 섬기려고 하니 준비가 안 되어 있고 배운 것이 신학밖에 없어서 가르칠 게 없다. 이것을 보면서 '목회자가 섬길 준비가 안 되어 있구나! 세상과 너무 동떨어진 신학만 해 왔구나.' 생각된다. 그래서 사회 복지도 전공하였고 여러 가지를 하려고 하니 바쁘다. 최근 재교육이라는 게 계속 신학과 관련된 것이라든지 축복이나 인성, 영성 이런 것이 주류를 이루지 현실적으로 필요한 것은 약하다고 할 수 있다. 이제는 사회를 이끌어 가고 섬길 준비에 집중하는 것이 필요하다.

또한, 특별히 봉사자 네트워크나 명사 초청 특강 강사 확보가 시급하고, 문화 강좌를 신앙으로 지도할 수 있는 기독교인으로 구성된 강사 공급이 시급한 문제이다. 대부분의 강사들은 타 종교인들이 많다. 교회에 타 종교인이 와서 가르치는 것보다 신앙인이 신앙적으로 풀어 가면 기독교 문화 형성에 큰 기여를 하리라 사료된다.

지금까지는 노인대학 운영에 주력해 옴으로 전도에 대해 소홀히 했다. 물론 사회봉사 차원에서 노인대학을 운영해 왔지만 앞으로는 이들을 신앙적으로 지도하기 위해 다양한 방안이 마련되어야 한다. 노인대학을 너무 대그룹으로 운영하다 보니 소그룹 운영이 미흡했다. 소그룹으로 운영하여 인성, 영성 회복으로 나아가야 하는데 인력도, 프로그램도 없다. 농어촌교회가 봉사 인력이 부족하므로 이웃교회가 서로 협력하여 봉사하는 것도 필요하다.

3) 향후 계획

노인대학이 안정되고 나니 다른 것들이 하나하나 눈에 들어온다. 노인대학으로 안정된 노인목회에 기초를 놓고 그 위에 토요독서교실로 아동목회도 한층 쌓아 간다. 아직 완전히 정착되지는 않았지만 노인 대학생들이 모두 구원받기를 간절히 기도하고 있다. 또한 작은 도서관을 통해 청소년들과 소통하여 다음 세대 미래 목회를 준비하려고 한다. 교회가 이제는 사회와 등지는 것이 아니라 적극적으로 사회에 참여해서 사회를 이끌어 가고 영향력을 미치는 교회로 나아가고자 한다. 특히 도시에서 농촌으로 이동하는 귀농 인구가 늘어나고 있는데 귀농도 빈익빈 부익부로 나타나고 있다. 돈이 없어 농촌에서 살고 싶어도 살 수가 없고 변변한 집이 없어 어렵게 살아가는

분들이 많다. 이런 분들을 위해 주택을 공급하여 여생을 신앙적으로 아름답고 행복하게 살아갈 수 있도록 하고 싶은 꿈을 꾸고 있다.

나가는 말

노인대학을 통해서 지역 어르신과 소통하는 것이 큰 성과이며, 행복해 하는 것을 볼 때 가슴 뿌듯함을 느끼며, 더러는 열매를 맺게 됨에 감사를 드린다.

그러나 노인대학 하면 저절로 교회가 부흥되리라는 환상은 버리는 것이 좋다. 지역 사회를 섬기는 것이 하나님이 기뻐하시는 길임을 알고 섬길 때 작은 교회이지만 교회에 활력이 넘쳐나고 예배 시설이 현대식으로 바뀌는 정말 기적 같은 일이 일어났다.

무작정 남들이 하니까 우리 교회도 한다는 식의 접근은 금물이다. 우리 지역에 필요한 것이 무엇인지, 우리 교회가 할 수 있는 것이 무엇인지, 내가 할 수 있는 것이 무엇인지 늘 의논하고 준비하여 시작한다면 놀라운 기적이 일어날 것이다.

농촌에 산다고 해서 모든 것을 체념하고 살아가는 분도 있다. 부정적인 사고로 살아가는 분도 있다. 다른 교회 하는 것 보고 따라 하다가 얻은 것은 없고 해 보니까 안 되더라 하며 시간만 허비하는 분도 있다. 사회의 변화를 빨리 읽어야 하는데 읽지 못하고 아직도 전도 잔치 스타일의 보여 주기식의 프로그램을 하는 분도 있다. 많은 비용만 지출될 뿐 얻는 것은 없고 허전함만 남는다. 이런 분들에게 노인 대학 프로그램은 현실적인 대안이라고 생각된다. 규모가 작으면 작은 대로 소그룹 스타일의 노인교실을 운영하면 된다. 노인교실은 지역민들과 소통하고 관계를 맺는 전도하기 쉬운 가장 효과적인 프로그램이라 할 수 있다.

우리가 시작할 때 하나님은 이미 이 모든 것을 예비해 두셨음을 목격하게 되고 우리 앞서 일하시고 계심을 보게 될 것이다.

영천화산교회 이상도 목사
경북 영천시 화산면 장수로 982-1(유성리)
054-335-6044

복조리 장수대학 이야기

| 위동교회 이상출 목사 |

1. 복조리 장수대학의 산실

어느 날 한 집사님에게서 전화가 왔었다. "이 전도사님은 왜 위동교회를 떠나지 않나요?"라는 내용이었다. 무슨 뜻이냐고 되물었더니 농촌 시골교회 교역자들이 자주 떠나는 것이 성도로서 마음이 서럽다고 했다. 그때 나는 이렇게 대답을 했던 기억이 난다. "교회는 농촌이든 어촌이든, 성도가 많든 적든, 노인이든 젊은이든 마을이 있는 곳에는 교회가 주민과 함께 있어야 합니다." 이제는 그 집사님도 고인이 되셨고 위동마을 사람들도 많이 늙어 노년 인구만 7개 리(里) 행정 구역 안에 400여 명과 중년 100여 명으로 80% 노령 주민이 되었다.

33년 전 내가 이 마을에 처음 왔을 때는 위동교회가 개척된 지 4년째, 마을 사람들이 관심 없는 교회였다. “이번에는 위동교회에 처녀 전도사가 왔다며?” 동네 사람들 사이에 얘깃거리로 시작한 나의 목회는 나 역시도 당분간 주일 낮 예배만 드려 주다가 담임 교역자가 오면 떠나기로 약속하고 시작되었다.

그런데 나그네처럼 주일만 왔다 가던 어느 날 홀로 걷는 마을길에서 “하나님이 세상을 이처럼 사랑하사…….”란 말씀이 “하나님이 이 마을을 이처럼 사랑하사…….”로 들렸다. 무겁던 발걸음이 가벼워졌다. 주님이 이 마을을 사랑하신다기에 나는 이 마을에 있어야 함이 너무나 당연했다. 한 주일을 만나도 온 정성 다하는 예배와 후회 없이 성도들을 사랑하기로 마음먹고 짝사랑하듯이 퍼 주며 나누면서 오라 하지 않아도 뛰어다니며 찾아다녔다.

이러한 사역들이 25년쯤 되던 해인 2007년 가을에 일이다. 5남매를 키워 전국에 흩어 놓고 노령에 홀로 살아가시는 집사님의 전화가 왔다. 할 이야기가 있으니 꼭 다녀가시기 바란다는 부탁이었다. 심방을 갔더니 몸과 마음의 증세를 얘기하면서 내가 이대로라면 그리 오래 가지 못할 것 같으니 목사님이 장례를 주관해 주시면 딸들이 그대로 따를 것이라는 부탁이었다. 집사님의 얘기를 들어 보니 죽을 만한 병이 아니라 몸에 수분 부족과 식사량에 비해 약의 양이 너무 많아 보였다. 그래서 집사님을 병원에 하루 입원시켜서 넉넉히 주사를 맞게 하였고 그 후 퇴원하여 지금까지 잘 살아 계신다. 그때 일로 홀로 계시는 어른들에게 한 달에 한 번이라도 가마솥 소머리 곰국으로 먹거리를 제공할 생각으로 독거노인을 조사하니 7개 행정 마을에 84명이었다. 초대장을 보내고, 혼자 먹는 식사로는 할 수 없는 밥상을 차리고, 생필품으로 작은 선물도 하나 준비하고, 볼거리가 되도록 큰 교회의 노인찬양단을 초청

한 것이 2008년 7월이었다. 그 다음 달에는 또 다른 그룹을 초대하고 음식을 잘 차리는 이런 일을 하다 보니 장수대학이 되었다.

2. 무기력해 보였던 성도들의 분위기에 산소가 되다

성도들끼리 예배만 드리다가 동민들도 한자리 하여 노래도 하고 춤도 추고, 즐겁게 하루를 만들다가 노인을 위한 교양 강좌도 하고, 건강체조도 하고, 한 가지씩 플랜이 늘어나면서 노령에도 걸맞는 교육이 필요함을 알았다.

내가 생각했던 것보다 어른들이 더 좋아하셨다. 그리고 늙는다는 것에 장점도 보이기 시작하였다. 십 년 전만 해도 노령 사회의 심각성은 없었지만 마을 회관에 모여 앉은 노년들에게도 발전적인 대화를 이끌어 내는 지도자가 필요한 것이 보였다. 그리하여 늙어 가는 인생이 아니라 어른이 되는 것을 조금씩 강의하게 되었다.

장수대학 1년생의 체육 시간

그리고 제일 먼저 늙어 무기력해지고, 교육이 없어 무조건 일만 하고 살아오신 어른들에게 용기를 주기 시작하였다. 자식들이 멀리하고 싶어 하는 경향, 스스로 위축되어 자식에게 짐이 된 현실, 세상에서는 늙으면 소외되는 입장이지만 교회에서는 늙었다는 것을 창세기 24：1 말씀에 보면 늙었기 때문에 하나님은 범사에 복을 주셨음을 알렸다. 그러므로 지금부터 자식의 짐덩이가 아니고 가문에 복덩이의 삶을 안내하겠다 하여 장수대학 이름을 복조리장수대학이라 명칭하게 되었다.

그리하여 교육 방향을 '의미 있는 노령', 구호로 '재미있는 모임'으로 하고 제1기생을 선착순으로 50명을 모집한 후 한 달에 한 번 행사처럼 진행하였다. 이것은 예배로만 전무하던 성도들에게도 절실한 교육 프로그램이 되었다. 불신자의 교육 효과보다 성도들의 교육 효과가 갑절로 빨랐다. 교회가 장수대학을 시작하고 나서 성도들이 장수대학 운영에 솔선수범하였다. 이웃이 모두가 족친이며, 사돈이며, 친척으로 일생을 살아온 친구에게 전도하기란 어려웠던 터에 장수대학을 통하여 성도들이 자유롭게 전도 말이 열렸다. 전도의 일환으로 장수대학을 열었다. 전도비처럼 돈을 모아서 선물을 사고, 농사의 열매를 모아서 밥상을 차렸다. 언제나 고인 물처럼 성도들끼리 경직되었던 모습이 장수대학을 시작하면서 성도들의 활동력이 다양하게 되었다.

어느 해는 전국에 구제역이 왔다. 50명 장수 대학생들이 무조건 통성으로 기도했다. 우리 마을에는 돼지 한 마리, 소 한 마리도 발병으로 묻지 않았다. 보상을 위하여 묻은 우사가 있었을 뿐이었다. 어느 해 겨울에는 독감 인플루엔자가 왔다. 우리 장수대학에서는 또 통성기도를 하였다. "하나님, 우리들은 모두가 늙어서 약한 자가 많습니다. 독감이 오면 우리는 모두가 죽을 것 같습니다. 우리 마을에는 감염자가 한 사람도 없게 하옵소서." 우리 7개 리에서는 감염자가 한 사람도 없었다. 흰머리의 기도는 하나님이 모두 응답하신다는 것을 우리 장수 대학생들은 믿게 되었다. 그 후로 우리 복조리장수대학은 본격적으로 복조리의 플랜을 제시하였다. 자녀를 위한 기도 제목을 나누었다. 매일 저녁 잠자리에 들면 아들, 딸, 며느리, 사위 자식들을 위하여 기도하다가 잠이 들도록, 그리고 2년 후에는 손자와 손녀를 위하여 기도하는 제목을 나누었다. 기도 명단이 갑절로 많아졌다. 평균 자녀 5남매 자녀 부부만 해도 10명인데, 손녀 손자를 합하여 20~25명의 명단을 읽어 기도하는 조부모이자 장수대학생들이 되었다. 신자나 불신자 간에 자식과 후손들을 위해 기도하는 것은 마다하지 않았다. 이렇게 9년을 운영해 오면서 나 자신도 노년을 함께하면서 노약자를 응원하시는 하나님을 깨닫게 되었다.

춤추는 권사님들

3. 인생 노년에 잃어버린 것들과 얻은 것들

사람이 늙는다는 것은 모든 것이 나를 떠나는 것임을 알 수 있다. 얼굴에 윤기가 떠나고, 기력이 줄어들고, 일감이 줄어들고, 의욕이 줄고, 짝이 떠나고, 자식들이 곁을 떠나고, 경제력도 떠나고, 재미도 줄고, 시력도 흐려지고, 경영 기술도 줄어들고, 명성도 줄어들고, 기억력도 줄어든다. 반면 늘어나는 것들도 있다. 외로움, 허전함, 고독함, 서글픔, 소외 의식, 여기저기 아픈 곳, 약봉지, 병원 예약 횟수 등은 늘어나고 있다.

그렇지만 늙는 것에 장점도 있었다. 태어나서 아이 때나 젊었을 때 인생이 끝나면 요절이라 한다. 이것을 일생이라 하지 않는다. 인생은 그래도 늙을 때까지 살아야 일생이라 한다. 죄가 되는 가능성이 거의 나를 떠나 버린 뒤에 복이 되는 것만 경영하는 시기가 노령이라 경험하게 되었다. 복조리장수대학을 경영하며 어른들 가까이에서 프로그램을 많이 하면서 늙었다는 것이 너무나 복된 것을 발견하였다. 노령의 아름다움을 보았다. 하나님의 은혜로 세계를 2/3쯤 돌아보았는데 늙어서 멋있는 나라는 스위스였다. 1989년에 제네바와 취리히를 방문하게 되었는데 그때 벌써 스위스에는 조기 은퇴로 인하여 노령 사회가 시작되었던 것 같다. 공원과 명승지에 모여 앉은 노인들은 여행객들처럼 멋지게 차려입은 할머니, 할아버지들이었고 그 모습은 지금도 잊을 수가 없다. 젊은 날에는 누릴 수가 없었던 것들을 여유 있게 누리는 노령을 보았다. 넉넉한 시간, 조용한 걸음, 세상을 넉넉히 둘러보는 시야, 많은 것이 필요 없는 평안함. 뛰어갈 필요도 뛰어갈 수도 없어 우아하게 걸어가는 모습이 너무나 멋있게 보였다. 매사에 여유가 있었다. 그야말로 인생을 누리는 것이 보였다. 복록을 누리는 기회가 확연하였다. 저렇게 노령에 복을 누리는 시간은 복을 만드는 시기이기도 하다는 생각이 들었다. 공부를 위한 학창 시절, 일을 위한 청년 시절, 자식을 위한 중년 시절, 재산을 위한 중 · 후반기를 모두 지나고 이제는 자신만을 위한 시간이다. 조용히 생각해 보라. 지금은 할 수 있는 것이 두 가지뿐이다. 이 두 가지는 말로 하는 일이다. 좋은 말만 하면 돈도 오고, 사람도 오고, 하나님도 가까이 오신다. 그리하여 말로 만들 수 있는 복은 기도와 전도이다. 하나님께서는 이 두 가지로 노년에 상급 받는 기회를 주신 것 같다. 젊어 바쁘게 뛰다가 하나님 앞에 서게 된다면 세상에서는 많은 것을 해 놓았겠지만, 하나님께는 빈손, 빈 마음, 빈 인생으로 설 수밖에 없을 것이다. 늙었다는 것은 영원한 상급을 만드는 기회가 되니 늙었다는 것은 대단히 아름다운 기회요, 복된 기회가 된다.

신자와 불신자의 모임인 장수대학에서 외쳤다. 우리는 죽는 날까지 해야 할 일이 있다. 잠 오지 않은 밤에 자손들을 위하여, 교회를 위하여,

나들이 중에 난을 치고 작품을 든 장수 대학생들

나라를 위하여 기도한다면 노령화 시대로 접어들면서 기도하는 인구가 늘어나는 시대로 하나님께서 기대하실 것 같다. 그리하여 노년들의 기도로 한국을 경영하실 것 아닌가? 특히 성도의 노년은 기도와 전도의 재물이 되어 자신에게는 영원한 상급이 되고, 가문은 믿음의 기업이 풍성하게 되고, 노년층이 많은 교회는 능력이 충만한 교회가 될 것이며, 나라를 위해서는 애국의 충성을 하게 될 것이다.

이것은 희망 사항뿐 아니라 노년들의 사명이라 본다. 그리하라고 우리 앞 시대에 없던 노령 연금을 기도의 오티로 65세만 되면 무조건 주시는 것 아닐까!

4. 복조리장수대학은 복음의 의미와 만남의 재미

나의 목회 철학은 영 · 유아와 유 · 초등과 청 · 장년과 노년들과 성도와 마을 사람들 모두를 한 영혼으로 보고 복음에는 같은 의미가 있어야 한다는 것이다. 불신자보다는 성도들이 리더가 되어야 한다는 우선

교실 개소식

감은 있다. 2013년부터 노년부 성경학교를 여름과 겨울로 연 2회를 해 오고 있다. 계절 따라 3박 4일씩 오전 10시부터 오후 3시까지 25명쯤 참석한다.

주로 장수대학 운영은 한 달에 한 번이지만 공부와 노래와 춤을 본당에서 계속하기에는 부담이 되어 빚이라는 또 하나의 부담을 안고 2014년 1억 4천만 원으로 60평의 장수대학 교실을 예쁘게 건축하였다. 이제는 자유롭고 즐겁게 본격적인 교육실이 되었다.

일과는 다음과 같다.

11 : 00~11 : 20	예 배
11 : 20~11 : 30	운영위원장의 인사
11 : 30~12 : 00	국민 체조
12 : 00~1 : 00	점심 식사
1 : 00~2 : 00	찬양과 노래교실
2 : 00~2 : 30	교역 강좌

2 : 30~3 : 30　　그림 그리기와 만들기

재정 문제는 이렇게 해결한다.

1. 성도들이 식사를 담당함.
2. 학생들의 찬조로 선물함.
3. 복지부 헌신예배 헌금으로 사무비(총 연 800만 원) 사용

장수대학생은 매년 50명씩 운영하고 있다.

장수대학의 향후 계획은 2016년 제9년차로 앨범을 가훈집과 겸하여 출판하고 2017년에는 휴교(안식년)와 함께 졸업생을 중심으로 연간 심방 겸 축호전도에 집중하려고 한다. 또한 거동이 불편한 분들에게 한 달에 한 번 곰국을 배달할 준비를 하고 있다. 2018년에 다시 개교 예정이다.

졸업사진

<안동교회 장수대학 방문 수업>

1. 복조리장수대학 소개

복조리장수대학은 위동교회가 마령, 위동, 대곡의 동민들이 보다 재미있고 의미 있는 노년을 보내게 하고자 위동교회가 설립했습니다.

특별히 장수대학의 이름을 복조리장수대학이라 정한 이유는 '나이가 든다는 것은 무기력하게 되는 것이 아니라 복조리가 되는 것'이기 때문입니다.

창세기 24 : 1은 "아브라함이 나이가 많아 늙었고 여호와께서 그에게 범사에 복을 주셨더라"고 기록하고 있습니다. 복조리 장수대학은 동리의 어르신들이 자식들과 손자들을 위해 복을 나누어 줄 수 있는 분이라는 것을 나누고자 합니다.

하루가 다르게 약해져 가는 몸과 마음으로 인해 울적해 하지 마시고, 우리는 복을 나누어 주는 복조리라는 것을 기억하여 즐겁고 의미 있는 노년을 만들어 가십시다.

2. 학장 인사글

2016학년에도 노년이 복조리가 되신 50명의 어르신들께 축하를 드립니다.

노년이 복조리라 외친 지 어느덧 9년이 되어 갑니다. "무슨 그런 말이 있나?" 생각하시던 분들도 이제는 한 분씩 우리 스스로를 복조리로 여기시는 것 같아 여간 감사한 일이 아닙니다.

복을 주시는 분이 계셔도 조리를 만들지 않으면 복을 담을 수가 없으며, 그릇은 있으나 복을 주시는 분이 없으면 언제나 빈 그릇뿐일 것입니다. 2016년에는 복조리가 구체적으로 무엇인지를 공부해 보려 합니다. 여기 오신 여러분은 젊은 날에 하신 일보다 노령에 누리는 시간이 더욱 복되고 영원한 것으로 여기시게 되는 장수대학이 되시기 바랍니다.

2016년 올해는 복조리장수대학 학생 여러분이 계시기에 가정과 이웃과 국가가 행복하도록 만들어 봅시다. 감사합니다.

2016년 2월 28일 복조리 장수대학장 이상출

3. 안 내

1) 목적 : 복조리 장수대학을 통하여 인생은 평생교육이 가능함을 인식하고 정신적, 신체적으로 적기의 창조력을 개발하여 세포 노쇠를 방지하고 연령에 따라 필요를 즐겁게 누리며 천부적인 노령의 의미를 개발하여 많은 친구를 사귐으로 건전한 노령 사회를 리더해 가는 것이다.
2) 주제 성구 : "아브라함이 나이가 많아 늙었고 여호와께서 그에게 범사에 복을 주셨더라"(창 24 : 1).
3) 교육 기간 : 2016년 2월부터 2016년 12월까지 월 1회로 하고 수업은 매월 마지막 토요일로 한다.
4) 교육 내용 : 예배, 교양 강좌, 건강 체조, 쓰기, 그리기(자화상), 만들기, 노래 시간, 명화 감상, 한국 무용, 언어, 나들이 등
5) 졸업 자격 : 2학년에 졸업식을 한다. 출석 수가 10회 중 8회 이상 출석하여야 한다.
6) 나이가 든다는 것은 지도자가 되어 가는 것이다.

-지도자는 어른이 되어 가는 것이지 늙어 가는 것이 아니다.

-남들은 포기하고 있을 때 포기하지 않는 자는 지도자의 자질이 있는 사람이다.

-누군가 구제가 필요할 때 돈이 있으면서 없다고 강조하는 자가 있는가 하면, 돈은 없지만 구제에 동의하는 자는 지도자의 자질

이 있는 사람이다.

-정(情)의 일과 정(正)의 일, 개인 일과 대중의 일을 잘 구별하는 자는 지도자의 자질이 있는 사람이다.

-평범한 만남에도 칭찬 한마디 주고 가는 자가 있다. 이 사람은 지도자의 자질이 있는 사람이다.

-지도자란 남보다 특출해야 하는 것이 아니다. 평소에 상대방이 훈훈하게 여겨 주는 거기서부터 지도자는 시작된다.

7) 진행과 퇴보

노인은 몸과 마음이 세월 가면 자연히 늙는다고 생각하는 사람이고,
어르신은 자신을 가꾸며 숙성된 인생을 노력하는 사람입니다.
노인은 자기 생각과 고집을 버리지 못하는 사람이고,
어르신은 상대에게 이해와 아량을 베풀 줄 아는 사람입니다.
노인은 상대를 자기 기준에 맞춰 평가하는 사람이고
어르신은 상대에게 기준을 두고 덕담을 준비하는 사람입니다.
노인은 상대에게 간섭하기를 쉽게 하는 사람이고,
어르신은 상대방의 단점을 물끄러미 보는 사람입니다.
노인은 대가 없이 받기를 의당히 여기는 사람이고
어르신은 무엇을 나누어 줄까를 좋아하는 사람입니다.
노인은 고독하고 외로움을 많이 가지고 있는 사람이고,
어르신은 좋은 친구를 찾아 외로움을 나누는 사람입니다.
노인은 이제는 배움을 무의미하게 여기는 사람이고,
어르신은 언제나 배움의 의미를 잃지 않는 사람입니다.
노인은 자기의 물건을 아까워 버리지 못하는 사람이고
어르신은 자기 물건들을 적절하게 나누어 주는 사람입니다.
노인은 자신을 포기한 자의 이름이고,

어르신은 성숙을 잊지 않는 자의 애칭입니다.

8) 왜 그리스도인이 되어야 하는가!

인간과 만물은 하나님께서 창조하셨습니다. 창조된 만물은 영이 없으나 인간은 영이 있습니다. 그것은 하나님이 자기의 형상대로 만드셨기 때문입니다. 즉, 하나님의 영이 인간에게 있다는 말입니다. 하나님이 인간에게 주신 이미지, 영에는 자유 의지가 있었습니다. 인간은 이 자유 의지로 하나님보다 먹음직함과 보암직함을 더 좋아하였습니다. 그 결과 인간은 하나님과 만나는 길이 막혔습니다.

이것을 성경은 인간의 타락(죄)이라 합니다. 하나님은 곰곰이 생각 하셨습니다. 하나님은 당신이 만드신 인간을 사랑하시고, 당신이 만드신 인간을 한 사람도 잊을 수가 없으셨습니다. 사람들의 죄를 처리하기 위해 준비하셨는데 인간의 죄보다 더 많은 값으로 죗값을 지불하기로 계획하셨습니다. 그리고 사람의 아들이 아닌 하나님의 아들을 죄인들을 위한 대속물로 죽음에 내어 주셨습니다. 하나님의 아들은 하나님 아버지께서 살릴 수 있으셨습니다. 이것이 부활입니다. 부활이 없으면 근본적인 용서를 말할 수가 없기 때문입니다. 성경(요 3 : 16)은 말합니다. 누구든지 예수님을 믿으면 죄를 버릴 수 있으며 하나님과 함께 살아갈 수 있다(구원 받음.)고 말합니다. 인간은 죄(하나님 버림.)로 인하여 하나님과 단절되었는데 예수님을 믿음으로 회복될 수 있습니다. 이렇게 회복된 사람을 '그리스도인'이라 합니다.

사람은!
오늘이 어제보다 늙은 것이요
오늘은 내일보다 젊은 것이다.

그러나 인생은!
어제에도 늙음이 있었고 내일에도 젊음이 있다.
그리하여 오늘에 장단점이 모두 있다는 것이다.

위동교회 이상출 목사
경북 안동시 임동면 위리새터길 61
054-822-9498

2부

방문 요양 및 재가 복지를 통한 노인목회

금당교회 노인교실 이야기

| 금당교회 이건희 목사 |

우리 교회는 전북 완주군 운주면에 위치한 자그마한 시골교회이다. 교회 규모는 담임목사 외에 전임 전도사가 한 명 시무하고 있고 장로님이 한 분 계신다. 전체 교인 28명 중에 15명이 세례교인이다. 운주면의 교회는 장로교 통합 측인 운주교회, 피묵교회, 산북교회, 금당교회 4개의 교회가 있다. 운주면 일반 현황(2015년 6월 말 현재)은 다음과 같다.

인구 수 : 총 2,296명(남 : 1,155명, 여 : 1,141명)
가구 수 : 1,016세대
면적 : 92.39㎢
경지 면적 : 821ha(전 : 263ha, 답 : 558ha)
행정 구역 : 6개 리, 25개 분리, 45개 반

공무원 현황 : 12명

금당리(金塘里) 일반 현황은 다음과 같다. 금당리, 원리, 옥배리, 궁동, 대궁동을 병합하여 금당리라고 명칭한다. 현재 금당교회가 속해 있는 지역에는 100세대 정도가 있으며, 인구는 총 150여 명이 거주하고 있다. 지역이 유원지이기 때문에 여름철에는 장사하는 사람이 많이 상주하며, 2016년 들어서는 귀농, 귀촌 인구가 10세대 정도 유입되었다. 90% 이상의 현지 거주민은 교회에 출석하다가 낙심하여 나오지 않는 사람들로 파악되고 있다.

1. 노인교실 등의 노인 복지목회를 시작하게 된 동기

심신이 허약하고 자녀들과 떨어져 있는 것에 대한 외로움, 교통 및 주거 환경의 열악함과 복지 시설 및 의료 시설의 접근성 결여 등으로 어르신들의 삶의 질이 떨어지는 곳이 농촌 지역이라 할 수 있다. 이곳에 자원봉사자들을 발굴하고 교육하여 더불어 사는 행복한 세상을 꿈꾸며, 지역 내의 65세 이상 수급자와 저소득 재가 어르신들에게 일상생활에 필요한 다양한 서비스를 제공하여 좀 더 건강하고 편안한 노후생활의 도움터가 되고자 하였다. 또한 이들 지역 사회의 연령이 초고령사회를 초과하는 지역(65세 이상 거주자 90% 이상)이여서 이들에게 노후생활에 도움을 주면서 친밀도를 높여서 자연적으로 농촌 어르신 선교를 하며, 그리스도의 복음을 전파하기 위하여 시작하게 되었다. 기독교 신앙은 하나님을 사랑하는 것에서 출발하여 인간을 내 몸같이 사랑하는 것으로 완성된다. 그러므로 이러한 참된 사랑은 인간의 전인적 구원을 목표로 하며, 이의 실현은 기독교 사회 복지 참여에 가장 중요한 핵심이라고 할 수 있다.

노인목회를 시행하면서 다음의 세 가지 목표를 정했다.

첫째, 노인들의 영적 욕구를 충족할 수 있는 프로그램을 제공하는 것이다. 많은 노인들이 사회에서의 역할 상실, 소외 등으로 인해 불안과 우울, 그리고 죽음에 대한 두려움을 가지고 있다. 따라서 교회는 노인들의 자아를 회복하고, 유용성을 회복할 수 있도록 위로하고, 죽음에 대한 신앙적 준비를 할 수 있도록 도와준다.

둘째, 노인들의 생활 안정 프로그램을 제공하려는 노력이 필요하다. 은퇴 이후 수입의 상실이나 감소를 경험하면서 경제적 어려움을 호소하는 노인들이 많은데, 노인 일자리 등 수입이 보장되는 생산 활동을 개발해 제공하는 것이다.

셋째, 노인들은 자신들의 존재 가치에 대해 의문을 던지며 자존감 등을 상실하게 되는데, 노인들의 역할 회복을 위한 프로그램을 실시한다.

2. 노인복지 목회 내용

1) 노인 재가 복지 사업

(1) 방문 요양(구, 가정봉사원 파견 사업)

신체적, 정신적으로 어려움을 겪고 있는 재가 어르신들에게 조금 더 건강하고 안정된 삶을 위해 요양 보호사가 가정을 방문하여 신체 활동 및 가사 지원 등 필요한 서비스를 제공하여 편안한 노후가 되도록 돕는다.

(2) 재가 노인 지원 서비스

- 밑반찬 지원 : 식생활 취약 계층 어르신 22명에게 주 1회 밑반찬 및 부식 지원
- 찾아가는 생신 : 어르신 생신에 찾아가 축하해 드리고 선물 전달
- 병원 동행 및 차량 지원 : 차량 지원 및 병원에 동행해 드림.
- 명절 선물 전달 : 설, 추석 연 2회 선물 전달
- 주거 환경 개선 사업 : 지역 사회 연계를 통한 도배, 장판 등 집수리 및 방충망 수리, 전기, 보일러 보수 지원
- 여가 활동 지원 : 봄꽃 나들이, 가을 온천 나들이, 효도 큰잔치, 송년 잔치
- 문화 체험 : 연중 수시 공연장이나 영화 관람
- 교육 지원 : 분기별로 어르신을 모시고 어르신들께 필요한 교육 지원 사업
- 상담 지원 : 대상 어르신들의 문제 및 욕구 파악을 위하여 전화 및 방문 상담

- 김장 김치 나누기 : 매월 12월 초 취약 계층 대상자 30명 선정 후 전달
- 건강 교실 : 매주 목요일 시설 목욕탕 및 찜질방, 물리 치료실 운영
- 경로 식당 : 맛있는 음식을 준비하여 어르신들께 대접함(매주 목요일).

(3) 노노케어(노인 일자리 사업)

60세 이상의 건강한 어르신들이 운주면 내의 거동이 불편한 어르신을 방문하여 간단한 가사 지원과 쑥뜸을 함께 뜨며 말벗이 되어 드리는 더불어 사는 삶을 추구한다.

2) 재가 장기 요양 사업

장기 요양 등급(1, 2, 3, 4, 5등급)을 받으신 어르신들을 위한 사업이다.

방문 요양 사업, 방문 목욕 사업 이 외에도 65세 이상의 건강한 어르신 20명가량이 운주면 내에서의 거동이 불편한 어르신을 방문하여 간단한 가사 지원과 쑥뜸을 함께 뜨며 말벗이 되어 드린다. 이 서비스로 대상자에게는 생의 활력을 넣어 주고, 케어자는 경제적인 도움과 함께 방문하는 시간이 일정하기 때문에 건강 증진의 효력이 있어, 노년의 삶에 활력과 함께 자신감을 가지고 살아가게 하며, 국가적으로도 의료비의 절감 효과를 누리고 있다.

3. 노인복지 목회 예산

<table>
<tr><th colspan="4">세 입</th><th colspan="3">세 출</th></tr>
<tr><th colspan="2" rowspan="2">구 분</th><th colspan="2">내 역</th><th rowspan="2">구분</th><th colspan="2">내 역</th></tr>
<tr><th>2014년(결산)</th><th>2015년(예산)</th><th>2014년(결산)</th><th>2015년(예산)</th></tr>
<tr><td colspan="2">합 계</td><td>290,255,137</td><td>270,000,000</td><td>합 계</td><td>290,255,137</td><td>270,000,000</td></tr>
<tr><td colspan="2">사업 수입</td><td>126,701,733</td><td>130,738,000</td><td>사무비</td><td>241,200,000</td><td>237,200,000</td></tr>
<tr><td colspan="2">이용자
부담금 수입</td><td>10,050,230</td><td>9,000,000</td><td>재산
조성비</td><td>7,700,170</td><td>3,500,000</td></tr>
<tr><td rowspan="3">보
조
금
수
입</td><td>국고
보조금</td><td>111,752,000</td><td>103,752,000</td><td rowspan="3">사업비</td><td rowspan="3">28,494,020</td><td rowspan="3">21,000,000</td></tr>
<tr><td>법인
보조금</td><td>6,000,000</td><td>6,000,000</td></tr>
<tr><td>기타
후원금</td><td>4,558,000</td><td>4,000,000</td></tr>
<tr><td colspan="2">차입금</td><td></td><td></td><td>상환금</td><td></td><td></td></tr>
<tr><td colspan="2">기타 수입</td><td>31,193,174</td><td>21,910,000</td><td>기타 지출</td><td>12,860,947</td><td>8,300,000</td></tr>
</table>

교회 예산은 연 600만 원을 복지를 위해서 사용하고, 나머지는 전액 국고 보조금 혹은 공동 모금회에서 지원받아 운영을 하고 있다. 복지 센터의 직원은 대략 12명 정도이고, 이들의 복음화를 위해서 기도를 하고 있다.

노인 복지 사업을 통해 노인 일자리 17명, 노인 일자리 대상자 10명, 장기 요양 대상자 15명, 재가 방문 요양 대상자 65명 등 현재 모두 110명 정도의 어르신들이 혜택을 받고 있다.

현재 금당교회는 20여 명의 교인들과 함께 복지목회를 시작하고 있다. 상처받은 영혼들을 다시 주께로 되돌리기 위하여 주간 보호 센터를 설립하여 이들에게 찬양과 말씀 선포를 하며, 이용자들의 영적 건강 도모와 인생 후반부를 평안히 준비하는 모임을 갖고자 준비하다. 또한 현재 금당교회 주변의 경관이 아름다워 귀농, 귀촌 인구가 늘고 있기에 이들의 귀농, 귀촌 성공률을 높이고, 교회로 흡수하기 위한 복지목회를 위한 프로그램을 개발하고 있는 중이다.

누가 : 목사 등을 초빙하여 이용자를 대상으로 실시

언제 : 정해진 일정

어디서 : 주야간 보호실

무엇을 : 찬양 및 말씀 선포

어떻게 : 찬양(주 악기-직원/부 악기-이용자), 메시지(목사 등)

왜 : 이용자의 영적 건강 도모로 인생 후반부를 평안히 준비

금당교회 이건희 목사
전북 완주군 운주면 금고당로 186-36
063-262-7373

임하교회의 노인목회

| 임하교회 박양문 목사 |

들어가는 말

오늘의 농촌 사회와 농촌교회의 현실은 읍 소재지나 면 소재지를 제외하고는 매우 어렵다 못해서 죽어 가는 고목나무처럼 희망이 점점 사라져 가는 비극적인 상황임을 부인할 수가 없다. 농촌 사회가 활력을 잃고 침몰해 가는 배처럼 몰락하고 있는 이유는 여러 가지가 있겠지만 키를 잡고 있는 정부 정책이 시행착오를 거듭하고 있고, 값싼 농촌의 노동력을 흡수하기 위해서 일부러 농촌을 붕괴시키는 정책을 쓰고 있다는 인상을 지울 수가 없다. 공산품을 외국에 수출하는 데 지장을 받지 않기 위해서 농수산물의 수입을 자유화시키는 정책을 쓰고 있는 것이다. 시간이 흐르면 흐를수록 농어촌의 구성원들인 농민이나 어민들의 경제 상태가 악화되어 가니 더불어서 농어촌에 소재한 교회들까지 함께 어려움을 겪고 있다. 급속한 고령화로 인해서 마을이나 교회에서 어린 아이를 보기 힘들고, 젊은이들은 적고 할아버지나 할머니가 주를 이루는 기형적인 구조가 되어 가고 있다.

1970년대에 1,400만 명이던 농촌 인구가 1990년에는 666만 명이 되었고, 2002년도 말에는 359만 명에 이르게 되었다. 2014년 농림어업 조사 결과에 따르면 전체 농가 인구는 275만 명이다. 그런데 그중에서 만 60세 이상 인구는 전체 대비 49.8%가 될 정도로 농촌은 고령화가 심각한 문제이다. 농촌 인구는 갈수록 고령화되어 가고 노인들을 부양해야 될 자식들은 대부분 도시로 나가고 없는 상황에서 농촌교회가 해야 될 가장 중요한 일을 발견해야 한다.

1. 교회 현황과 지역 사회의 현황에 대하여

1) 교회 현황

집필자가 있는 마을은 해남 우수영에서 5km 떨어진 바닷가인데, 다리를 통해서 육지와 연륙이 된 임하도라는 30여 호 되는 조그만 어촌 마을이다. 2000년 2월 7일 처음 부임했을 때 여 집사 2명과 할머니 3명이 다니는 가장 어려운 교회 중의 하나였다. 부임하고 그 전년도인 1999년 재정 장부를 보니 1년 수입액이 3,200,000원밖에 되지 않는 노회에서 가장 가난한 교회였다.

지금은 교회가 장년부 110명(세례 받은 노인 대학생 60여 명 포함), 청년부 10명, 유아·유치부 10명, 아동부 20명, 중고등부 10명 정도 되는 교회로 성장하였고, 교회의 재정도 꾸준히 증가해서 작년 말 기준

1억 2천만 원 정도가 되었다. 처음 부임할 때 50미리 판넬 교회 15평과 사택 10평을 합해 25평 건물과 대지 30평이 전부였는데, 지금은 예배당 60평, 식당 40평, 아동센터 30평, 음악관 30평, 다문화관 10평, 사택 20평, 컴퓨터실 7평, 사무실 10평과 기타 건물 10평과 대지 700평, 잔디 운동장 400평을 갖추고 장로 4명을 세운 교회가 되었다.

교회 기관은 주일학교, 중고등부, 청년부, 남선교회, 1, 2여전도회, 찬양단, 찬양대, 임하축구 클럽, 지역아동센터, 노인대학, 재가복지센터가 있다.

2) 지역 사회 현황

교회가 소재한 임하도는 다리로 연륙이 되어 지금은 육지처럼 차량이 소통하는 곳이 되었지만 마을의 모습은 조그만 어촌 마을이다. 2000년도 처음 부임했을 때 모습을 생각해 보면 남자들은 한 명도 교회를 다니지 않았고 마을 사람들을 무당이 지배하는 것처럼 느껴졌다. 무슨 일만 있으면 무당에게 물어보러 가고, 남자들은 숭어를 잡어가지고 돌아오면 오후에는 선창에서 윷놀이를 하는데 오락이 아니라 도박을 했다. 그리고 술에 취해서 저녁에 모여서 고스톱을 치고, 밤에는 노래방으로 놀러 가는 모습 속에서 사탄이 이 마을을 지배하고 있다고 느껴졌다.

교회 부임 후 21일 특별새벽기도회를 시작으로 적은 교인들이지만 모든 교인들을 새벽기도에 동참하게 만들었다. 꾸준히 전도에 힘을 써서 2년 정도 지나서 장년부가 30~40명으로 부흥이 되었다. 그리고 아름다운 바닷가 부지 600평을 집사님 가정에서 헌물로 드려서 새 성전을 건축하게 되었다. 남자들을 전도하기 시작하면서 마을에서 윷놀이로 도박을 하는 풍속부터 없애 버렸다. 도박을 못하게 되자 일부 남자들은 소재지로 가서 도박을 하더니 자기 집을 두 번이나 경매로 넘겨 버린 마을 사람도 있다.

집필자가 부임 후 3년째 되면서는 마을 밖 교회가 없는 마을로 전도를 하러 나갔다. 임하도를 벗어나서 전도를 하는데 먼저는 불신 학생들을 전도하기 시작하였다. 그리고 교회가 없는 마을 중에서 교인들이 거의 없는 마을들을 대상으로 전도를 하였다.

무작정 전도하기보다는 교인들과 함께 바쁠 때 농어촌 일손 돕기를 하면서 전도를 했다. 지금은 문내면을 벗어나 옆에 있는 화원면에서도 노인 대학생들과 일부 교인들이 출석을 하고 있다. 청년들은 주일이면 목포에서 와서 봉사하고 예배도 드리게 되었다.

2. 노인목회를 시작하게 된 동기 및 배경

농촌교회의 경우 급격하게 감소하는 인구 문제에 대처할 만한 준비를 해야 한다. 농촌교회에서 사역을 해 보니 부지런히 전도를 해서 학생들이나 교인들의 숫자를 늘려 놓으면 학생들은 도시로 진학을 해서 안 들어오는 경우가 많고, 교인들도 도회지로 이사 가는 사람들이 늘어나서 매년 세례 교인이 10명에서 15명 정도 늘어나는 데도 불구하고 도시교회에 비해서 교인들의 숫자가 늘어나지 않는다. 그 이유는 도시교회는 세례 받는 숫자보다도 수평 이동하는 교인들의 숫자가 몇 배가 더 되는데, 농촌교회는 수평 이동하는 교인들의 숫자가 거의 없기 때문이다. 전도하기도 어려운데 전도를 하더라도 도시교회보다 몇 배나 더 해야 하는 어려운 실정이다.

농촌 인구 이탈 현상은 제1차 경제개발 5개년 계획이 시작된 1962년

이후부터의 공업 중심 고도성장 정책에 그 원인을 찾을 수 있다. 농업을 가장 귀중하게 여겨 왔던 우리나라는 공업화 정책 이전에는 국민의 80% 이상이었던 농민이 이제는 그 반대의 현상을 보이고 있다. 농촌인구는 공업화 정책 이후로 꾸준히 줄어들고 있고, 남아 있는 인구도 점점 고령화되어 아이를 생산할 수 있는 젊은 층이 거의 없어지고 있다는 것이 더 우려할 만한 일이다. 그래서 농촌에 있는 학교들은 소재지에 소재한 학교 이외에는 거의 다 폐교가 되었고, 심한 지역은 면 소재지에 있는 학교도 폐교된 곳이 벌써 발생했다. 농촌의 현실은 농촌교회의 현실이 될 수밖에 없는 실정이라 농촌교회 목회자가 아무리 해 보려고 발버둥을 쳐도 어쩔 수 없는 벽이 있음을 실감하게 된다.

그러나 농촌 인구가 아무리 감소가 되어도 전부 다 도시로 이사를 가지는 아니할 것이다. 남아 있는 사람들을 대상으로 더 부지런히 전도해서 아버지의 집을 채우는 방법보다 더 좋은 길은 없다. 도시교회보다 더 부지런히 새벽부터 나가서 땀 흘리는 농부의 심정을 가지고 전도하면 성령이 역사하셔서 놀라운 기적을 보게 될 것이다.

집필자가 사역하는 이곳 지역 사회에 남아 있는 사람들의 주류가 노인들이다. 농촌교회는 노인들을 전도하지 않으면 교회를 채울 길이 없다. 그래서 우리 교회도 지역 사회에 거주하는 노인들을 돌보기 위한 전문적인 사역을 준비하게 되었다.

제일 먼저는 한글을 모르는 할머니들을 위한 한글교실을 마을로 찾아가서 시작하게 되었다. 그 다음으로 독거노인들을 위해서 독거노인 밑반찬 배달을 해남군의 식재료대 지원을 받아서 시작하고, 교회를 오고 싶어도 오지 못하는 중증 노인들을 위해서 재가 복지 센터를 세워서 사역을 시작하였다. 농촌 사회에서 제일 숫자가 많은 일반 노인들을 위해서 노인대학 사역을 시작하였다.

3. 본 교회의 노인목회 내용 및 프로그램

1) 할머니 한글교실

노인목회를 시간 순서대로 기술하겠다. 교회가 없는 마을 중 난대마을이라는 곳이 있는데 50호 이상이 되는 마을이다. 주로 노인들이 살고 있고 소재지에 있는 교회를 나가는 사람들이 3~4명 정도밖에 안 되서 그 마을에 사는 학생들을 상대로 전도를 하였고 젊은 분들 3명을 전도할 수 있었다. 그 후 거주하는 노인들을 전도해야 하는데 한글을 모르는 분이 많아 교회를 오기 싫어한다는 말을 듣게 되었다. 그래서 먼저 한글을 가르치다가 보면 결국 교회를 나오게 될 것이라는 생각이 들어서 2005년부터 그 마을에서 할머니 10여 명을 상대로 저녁 시간을 이용하여 일주일에 2회씩 한글교실을 하게 되었다. 마을에서 진행하던 한글교실을 교회 공부방으로 장소를 옮겨서 계속하였고 2년이 못 되서 한글이 어느 정도 알아지고 교회에 대한 친근감도 갖게 되면서 한글교실에 나왔던 할머니들 대부분과 할아버지 두 분까지 전도를 하는 계기가 되었다. 한글교실은 농어촌에 있는 교회들이 노인들을 상대로 가장 손쉽게 접근하는 방법이고 비용이 많이 들어가지 않아도 큰 효과를 거둘 수 있는 사역임을 경험을 통해서 알게 되었다.

2) 국악선교찬양단 설립(2006년 1월 7일 사역 시작)

노인들을 상대로 노인대학과 같은 사역을 하려면 먼저 프로그램을 진행할 수 있는 기관을 만들어야 할 것 같아서 국악선교찬양단을 설립하였다. 처음 12명의 단원으로 시작했는데, 주로 교인들이었고 불신자들도 원하는 이들을 참여하게 하였다. 해남에서 국악을 잘하는 학원 원장을 강사로 불러서 부채춤과 장구춤, 소고춤 등을 정기적으로 레슨 받았고, 실력이 향상되니 면민의 날 행사, 노인의 날 행사, 명량축제와 같은 행사장에 초청을 받아서 사역을 하게 되었다. 사역을 지속하면서 관내 노인들에게 임하교회에 호감을 가질 수 있는 좋은 기회가 되었다. 나중에 노인대학을 시작할 때 국악 찬양을 익혀서 부르게 되니 불신 노인들도 쉽게 국악 찬양을 따라서 부르게 되었다. 노인대학 국악과에서 사역도 하였다. 참 아쉬운 것은 단원들이 줄어들기 시작하자 지속하지 못하고 사역을 마무리하게 되었다는 점이다.

3) 독거노인 밑반찬 배달 사역(2006년 9월 시작)

문내면 거주 독거노인 60여 가정을 대상으로 밑반찬 배달 사역을 시작하였다. 식재료비는 군청에서 지원을 받고 우리 교회 봉사자들이 조리를 해서 자원봉사자를 모집해 사역을 하였다. 할머니들은 혼자 살아도 농촌 지역이라 반찬을 만들어 먹는 데 큰 지장이 없는데, 할아버지 가정들을 방문해서 보면 너무 힘들게 사시는 분들이 많았다. 한번은 충무리 마을에 밑반찬을 배달하는 집사님이 아직은 노인이라고 할 수 없는 남성분이 그 전날 술을 너무 마셔서 그런지 밤사이에 돌아가신 것을 발견하기도 하였다. 밑반찬을 배달하다가 참 안타까운 모습을 보게 된 것이다.

밑반찬을 처음 배달할 때에는 의욕적으로 시작했는데 시간이 흐르면서 봉사자들이 더 줄어들게 되자 할 수 없이 아쉽지만 8년의 사역을 마치게 되었다. 그러나 독거노인들을 상대로 밑반찬을 배달하는 사역을 통해서 복음이 전달되고 교회의 이미지를 많이 개선했다고 생각한다. 얼마 안 되는 반찬이지만 남성분들처럼 필요한 분들에게는 매우 중요한 사역이었다고 생각한다.

4) 재가복지센터 사역 시작(2008년 7월 1일 시작)

거동이 불편해서 교회에 나오지 못하는 노인들을 대상으로 재가복지센터를 설립하고 사역을 시작하였다. 교회 여 집사들 중 젊은 분들 위주로 봉사자를 선발해서 요양사 교육을 받고 자격증을 취득해서 사역을 시작하였다. 지금 현재는 10명의 요양사들이 30여 명을 돌보고 있다. 거동이 불편한 분들이지만 대상자 중에는 예수님을 영접하고 교회에 출석하는 분들도 있다. 처음 생각하는 것처럼 많은 열매를 거두어들이지 못하였지만 요양사들은 공단에서 급료를 받고, 힘든 농촌 일들에 비해 노인들을 요양하는 일은 상대적으로 쉽기 때문에 요양사들에게 일거리를 창출하는 일이 되고 경제적으로 많은 도움이 되었다.

5) 노인대학 사역 시작(2008년 9월 5일)

집필자가 신대원을 졸업하면서 그 당시 2년 정도 준비한 후 노인대학을 시작하려는 마음이 있었다. 그 해 7월 달에 목사고시를 보고 2과목 정도 떨어지지 않을까 짐작하고 있었는데 초시에 합격을 하게 되었다. 합격을 하고 나자 하나님께서 그만큼 사역이 시급하여 목사고시에 합격하게 해 주신 것으로 알고 노인대학 사역을 두 달 정도 급하게 준비를 해서 시작하게 되었다. 먼저 전국에서 노인대학을 가장 잘한다고 소문이 나 있는 김해 할천노인대학을 찾아가서 견학을 하고 목사님을 모셔서 노인대학 사역자들 수련회도 하게 되었다. 그 후 다른 노인대학들도

견학을 하고 2008년 9월 5일 입학식을 하게 되었다.

입학식 날 예상보다 많은 200명 이상의 노인들이 참석하고 해남군수를 비롯해서 유관 기관장들이 참석해서 순조로운 출발을 했다. 가을에는 관광버스 3대를 빌려서 완도로 가을 소풍을 다녀왔고, 수학여행은 중국(상해, 소주, 항주)으로 갔는데, 봉사자들을 포함 96명이 다녀오게 되었다.

2008년 9~12월까지는 토요일에 노인대학 사역을 했었다. 그러나 2009년 새해가 되면서 다른 노인대학들처럼 겨울방학을 하지 않고 토요일이 아닌 일요일 오전 9시 30분에 노인대학을 시작했다. 그런데 매주 평균 150여 명 나오던 학생들이 70여 명으로 줄어들었다. 그 이유는 주일날 나오라고 하니 교회를 다니라고 하는가 보다 짐작하고 탈락하는 분도 있고, 천주교회나 다른 교회에서 노인대학에 호감을 가지고 오던 분들이 주일날이라 나오지 못하게 되면서 숫자가 절반 정도로 감소되었던 것이다.

주일날 사역을 위해서 봉사자들은 새벽예배 마치고 오전 6시에 주일 1부 예배를 드리고 봉사를 하게 했다. 노인 대학생들은 9시~9시 30분 사이에 등교를 하면 레크리에이션과 국악 찬양을 부르게 하고 10시가 되면 경건예배를 드리도록 했다. 예배는 주일학교 학생들 수준으로 간단하게 드렸다.

2009년에는 일본 규슈 쪽으로 87명이 수학여행을 다녀왔고, 봄과 가을에는 소풍을 다녀왔다. 노인대학을 설립하고 만 2년이 지나서 가을이 되자 주님은 노인 대학생들에게 세례를 주어야 한다는 비전을 주셨다. 가을에 관광버스 2대를 빌리고 교회 차량들도 동원해서 1박 2일로 가을철 소풍 행사와 함께 세례를 주려는 계획을 세웠다. 노인대학 임원들을 모아서 협조를 당부하자 노인대학 회장님과 모든 임원들이 흔쾌히 협조를 하여 가을 소풍 때 세례식을 거행하기로 하였다. 영암관광호텔에서 1박을 하면서 먼저 구순연 집사를 초청해서 간증집회를 하고 서울에서 강사 목사님을 모시고 와서 하룻밤 집회를 하였다. 그리고 바로 옆 강당으로 10명 한 조씩 세족식을 먼저 하고 세례문답을 한 후 세례를 주었다. 강사 목사님께 부탁을 해서 세례를 받은 분들은 성찬식을 거행하였다. 그날 행사에 92명이 참석하여 88명에게 세례를 주었는데 무당 부부를 포함 4명은 세례 받기를 거부해서 세례를 주지 못하였다. 그래도 한꺼번에 88명에게 세례를 베푼 것은 하나님의 돌보심과 큰 은혜가 있었다고 생각한다.

세례를 받기 위한 1박 2일 행사에 교회에서 7백만 원을 부담하였다. 초창기 해마다 봄, 가을 소풍과 외국 수학여행 시에 비용 전부를 교회에서 부담하다가 외국 수학여행의 경우는 국내 경비는 교회에서 부담하고 비행기 타고부터는 학생들이 부담하는 방법으로 행사를 진행하니 훨씬

수월하게 진행할 수 있었다. 지금은 소풍 행사를 해도 교회에서 일부를 부담하고 나머지는 학생들이 회비를 거출해서 다니고 있다. 올해 봄에는 남해도로 봄 소풍을 다녀왔는데 학생 숫자가 줄어들어서 40여 명과 봉사자들이 관광버스 한 대로 다녀왔다. 학생들이 회비를 1인 5만 원을 부담하고 버스비와 여행자보험은 교회에서 부담해서 다녀왔다.

처음 주일날로 바꿀 때 70여 명 나오던 학생들이 8년이 지나다 보니 많은 분들이 돌아가시고 몸이 아파서 못 나오시기도 하면서 지금은 주일날 40여 명이 꾸준하게 출석하고 있다. 노인 대학생 중에서 그동안 교회장으로 장례를 치른 경우가 5번이 있었다. 그중 3번은 자녀들이 불신자인데 부모님이 그동안 교회 노인대학 가는 것을 너무 좋아하는 모습을 보았기에 교회장으로 치러 달라는 말을 듣고 너무 하나님께 감사드렸다.

다른 대부분의 노인대학들은 우리처럼 학생들에게 세례를 주거나 주일을 성수하는 모습을 보지 못했다. 김해 할천노인대학의 경우는 금요일날 노인대학을 하고 주일 오후에 노인대학을 한 번 더 운영하면서 세례자가 많다는 것을 알고 있다. 노인 대학생들이지만 주일을 지키는 의식을 심어 주고 지속적이고 신앙적으로 지도하기 때문에 그런 열매가 열린 경우이다.

6) 노인목회와 연관된 다른 분야의 복지 사역들

교회가 노인목회만을 할 수는 없는 일이다. 노인들을 섬겨야 할 꿈나무들이 계속 심겨져야 하고, 자라나야 다음 세대의 교회 사역이 가능하기 때문이다. 그래서 농촌마을에서 가장 필요한 다문화 사역과 지역아동센터 사역을 하게 되었다.

(1) 다문화 사역

농촌에도 이주민 여성들이 계속 증가하고 있는데, 농촌에서 신생아들이 태어나면 이제는 거의 다 이주민 여성들에 의한 것이다. 이주민 여성 문제는 이제 농촌교회에서 소홀히 할 수 없는 매우 중요한 사안이 되어 버렸다. 교회 주일 학생도 이주민 여성들의 자녀들이 아니면 없게 되는 시대가 농촌교회에 오게 된 것이다. 현재 우리 교회도 다문화 아동들이 18명이나 된다. 유치부나 아동부는 대부분이 다문화라고 해도 과언이 아니다. 집필자가 사역하는 교회에서는 2007년 2월부터 베트남, 캄보디아 자매들을 위한 한글교실을 열어서 한글을 가르치면서 전도할 기회를 찾기 시작하였다. 불교 국가에서 불교를 믿다가 와서 그런지 교회에 와서 예배를 드리다가도 중간에 나가 버리곤 해서 애를 먹었는데, 지속적인 관심을 가지고 아이들이 태어나거나 백일, 돌, 한국에서 하는 결혼식, 친정에 갈 때에 적은 금액이지만 꼭 성의를 보였다. 또 한글을 배우면서 서로 한국어로 소통하는 사이가 되면서 많은 다문화 자매들이 교회를 나오게 되고, 그중 한 명은 집사 직분까지 받고 다문화 학생들을 상대로 월남어를 주일 오후에 강의하고 있다.

(2) 지역아동센터 사역(2004년 9월)

임하도에 와서 장년보다는 학생들을 먼저 전도하기 시작하였다. 주말에는 대학생 딸과 함께 피아노도 가르치고 일반 과목도 가르치는 공부방을 열게 되었다. 방학 때가 되면 방학 동안 공부방을 열어서 학생들에게 공부도 가르치고, 또 기도 훈련과 영성 훈련도 하게 되었다. 그러다가 2004년 보건복지부에서 방과 후 공부방을 지원하는 사업이 시작되었고 2004년 9월부터 주 5일씩 공부방을 하게 되었다. 그 후 지역아동센터로 명칭이 통일되었다.

아동센터의 정원은 40명을 유지하다가 대상 아동들이 줄어들어서 이번 달부터 29인 시설로 낮추게 되었다. 집필자가 처음 임하도에 와서 전도하여 공부방과 교회에 다니던 학생들 중에서 지금은 결혼하여 목포에서 주말이면 교회로 와서 섬기는 청년들이 있기도 하다. 아동센터는 그동안 아동들을 전도하는 데 가장 요긴하게 사용된 기관이었다. 일주일 중에서 월~금요일까지는 방과 후 수업 때문에 학생들이 저녁 먹고 나서까지 있게 되고, 토요일은 특별한 프로그램이 있는 날만 하고 있다. 주일이 되면 오전에 예배 드리고 점심식사 후 오후에는 예전 공부방 출신인 청년들이 실용음악 학원 기타, 드럼, 피아노, 보컬 강사 등으로 있는데 학생들에게 악기나 음악을 배울 수 있는 기회를 제공하고 있다. 또 다문화 학생들에게는 월남어 강의를 듣게 하고 축구를 좋아하는 아동들은 축구 동아리를 만들어서 하도록 했다. 잔디 운동장을 400평 조성해서 아동들이 이곳에서 운동을 하고 있으며, 관내에 거주하는 청소년들이나 장년들은 잔디 구장을 매주 빌려서 축구 동아리를 운영하고 있다.

4. 노인목회의 예산과 결산

2012년 보조금을 신청하기 위해서 해남군에 제출한 노인대학 사업계획서를 예로 들어 보겠다. 참고하면 시군에 보조금을 신청할 때 도움이 될 것 같다.

<2012년 임하노인대학 사업 계획서>

1. 사업명 : 임하노인대학 운영 지원

2. 사업 개요

가. 사업자 : 임하노인대학 학장 박양문

나. 사업의 필요성 : 노인대학 운영

다. 사업장 위치 : 해남군 문내면 임하길 115

라. 사업 기간 : 2012년 1월 1일~2012년 12월 31일

마. 사업 내용 : 노인대학 운영비

3. 소요 예산

가. 사업비 내역 (단위 : 천 원)

총사업비	지원 신청액	자체 자금	기타 자금			비 고
			군 비	국, 도비	기 타	
23,000	10,000	13,000	10,000			

나. 소요예산 산출 내역 (단위 : 천 원)

항 목	금액(원)	산출 내역	비 고
계	23,000		
인건비	4,000	학과 강사비, 특강 강사비	강사비
행사 운영비	4,000	가을철 수학여행 2,000 (왕복 식대, 버스 임대료 등) 봄철 소풍 1,000,000 가을철 소풍 경비 1,000,000	
사무 비품 관리비	2,000	공공요금 및 제세 공과금 등 강의실 비품 구입	
자부담 행사 운영비	3,000	국악공연, 웃음치료 등 봄철, 가을철 소풍	

자부담 중식 비용	6,000	1년 52주 중식 식재료 구입비	
자부담 차량 유지비	4,000	통학차량 유류대 ① 25인승 ② 15인승 ③ 12인승 ④ 12인승	

다. 보조금 이외 자부담금 확보 대책

○ 부담자 : 임하교회

○ 자기 부담 내역

① 사업 계획서 자체 부담금 13,000,000

② 52주 중식 비용

③ 차량 운행 비용(25인승 1대, 승합차 3대)

④ 행사 운영비

4. 운영 현황

가. 운영자(단체) : 임하교회

(사회복지법인, 비영리법인, 민간 단체, 종교 단체, 개인)

나. 운영 시간 및 이용 인원

1주간 운영 일수	1일 운영 시간	이용 인원(일)	비 고
		노인대학 정원	
1일 x 52주	5시간	250명	

다. 시설 현황

건물 규모		자가 (소유주명)
대 지	건 평	
예락리 OOO번지-220㎡ 예락리 OOO번지-1499㎡	1층 : 88㎡(사무실, 강의실) 2층 : 88㎡(음악학과 강의실)	임하교회 무상 이용

예락리 OOO번지-942㎡ 예락리 OOO번지-271㎡	199,44㎡(예배당) 161.2㎡(식당, 컴퓨터실) 48㎡(화장실, 샤워실) 15㎡(미용 봉사실) 1213㎡(운동장)		

5. 기관의 주요 사업 내용

사업 부분	사업 내용	비 고
교육 사업	한글초급학과	한글 단어 이해
	한글중급학과	한글 문장 이해
	음악학과	가요, 민요, 가곡 배우기
	국악학과	국악, 공연 참가
	컴퓨터학과	컴퓨터 조작, 인터넷 활용
	성경학과	성경 지식
보건 사업	무료 의료 진료 이미용 침 술	의료 진료 연 2회 이미용 연 4회 침술봉사 월 2회
문화 사업	레크리에이션	레크리에이션
	경건회	인생의 유익한 말씀
	축 제	작품 발표 및 노인 활동
정책 사업	특 강	월 1회
	고적 답사 및 현장 학습	정신과 마음 수양
	봄철, 가을철 소풍	즐거운 친목의 장
	국내외 수학여행(중국, 일본, 대만, 베트남, 제주도)	다양한 해외 문화 체험

6. 기대 효과

가. 노인들의 삶의 질 향상

나. 노인들의 평생 교육 기회 부여

다. 노인들의 자기 개발 및 참여 유도

5. 노인목회의 성과와 부족한 점

1) 앞으로의 해결 과제

노인목회를 시작한 것은 한 영혼을 천하보다 귀하게 여기시는 주께서 가장 기뻐하시는 사역이라고 생각했기 때문이다. 그러나 운영의 묘를 더 발휘하고 지혜를 모아서 해야 하는데 우매하게 하다 보니 노인목회를 위해서 헌신했던 많은 봉사자들이 시험에 들기도 하고 교회를 떠나는 일들이 많이 일어난 것을 가장 후회스럽게 생각한다. 의욕이 앞서다가 보니 독거노인 밑반찬 배달을 하면서, 노인대학 봉사를 하면서, 그 전에 알파 행사를 하면서, 할머니 한글교실과 다문화 한글교실을 하면서, 아동센터를 운영하면서 여러 분야에서 봉사를 하던 봉사자들을 너무 힘들게 하지 않았는가 하는 생각을 지울 수가 없다. 봉사자들이 대부분 새벽기도를 하고 성령 체험도 하고 제자 훈련이나 셀 리더 훈련 등을 하면서 훈련이 충분히 되었다고 생각했는데, 시간이 흐르면서 힘을 소진하고 은혜가 고갈당할 때 세심하게 배려하지 못하고 그냥 밀어붙이는 뚝심으로 하다가 실패한 부분들이 많다. 다시 해 보라고 한다면 이번에는 시험에 들지 않게 할 수 있겠다는 생각을 한다.

또 한 가지는 노인대학 같은 노인목회를 포기하고 아동센터를 포함해서 청년들을 중점적으로 육성하는 사역과 젊은 층들을 더 전도하는 사역을 했다면 하는 생각도 해 보았다. 하지만 우리 교회에서 노인대학 사역을 하지 않는다면 이 근방에서 노인대학 사역을 하는 교회가 없는데 십자가를 피하기보다는 지고 가는 것이 주님이 보시기에는 더 합당하다는 생각도 들었다.

또 여러 가지 복지 사역을 하면서 처음 시작할 때는 돈이 들어가기만

해서 교인들이 보기에도 물질적으로 시험에 들 일이 많았는데, 시간이 흐르면서 아동센터는 교사들의 월급을 포함하여 운영비가 군이나 사회복지 공동모금회 등으로부터 지원되는 액수가 계속 늘어나고, 재가복지센터도 수입이 계속 늘어나는 구조라 시골교회에서 지원하는 생활비로는 부족하게 살다가 경제적으로 많은 도움이 되었다. 하지만 목회자가 가난하게 살면 은혜가 되고, 여유가 있는 것처럼 보이면 은혜가 안 된다고 하는 교인들도 많다는 것을 알게 되었다. 따라서 사회 복지 사역을 하면 재정 부분에 있어서 시험에 들지 않도록 투명하고 지혜롭게 처신하고 처리해야 한다.

2) 향후 계획

노인 대학생들을 전도하고, 세례도 주고, 주일도 거의 지킬 정도로 훈련은 되었는데 헌금을 드리는 것은 부담을 주지 않고 자유롭게 드리도록 하였다. 노인 대학생들이 1년에 드리는 감사헌금은 5백만 원 정도

된다. 노인 대학생들을 대상으로 계속해서 일대일 양육을 더 하려고 계획 중이다. 그리고 목포와 남악에서 오는 청소년들을 더 전도하고 양육을 해서 노인 세대가 없어지는 때를 대비하고 미래의 교회 일꾼으로 세울 계획이다.

임하교회 박양문 목사
전남 해남군 문내면 임하길 117
061-533-9335

합천소망교회의 노인목회 이야기

| 합천소망교회 김진호 목사 |

들어가는 말

'노인'이라는 단어의 정의는 '나이가 들어 기능이 저하된 사람' 좀더 구체적으로 말하면 환경 변화에 적절히 적응할 수 있는 조작기능이 감퇴하고 있는 사람, 생체의 자체 통합능력이 감퇴되고 있는 사람, 인체의 기관, 조직, 기능에 쇠퇴현상이 일어나는 시기에 있는 사람, 생활상의 적응능력이 결손되어 가고 있는 사람, 조직의 예비능력이 감퇴되어 적응이 제대로 되지 않은 사람이라고 규정하고 있다.

그리고 기독교 노인복지의 개념은 '노인이 인간다운 생활을 유지하면서 자기가 속한 가족과 사회에 적응하고 통합될 수 있도록 필요한 자원과 서비스를 제공하는 데 관련된 공적 및 사적 차원에서의 조직적

제반 활동'이다. 그러므로 일반적으로 노인들이 가지고 있는 사중고인 빈곤, 질병, 고독, 소외감을 해결하기 위하여 다양한 서비스가 적절하게 배분되어야 한다. 인간은 모두가 평등하기에 기독교 정신에 기초한 봉사(디아코니아)의 자세를 가지고 교회공동체가 지니고 있는 인적, 물적 자원을 동원하여 소외된 사회적 약자의 가치와 존엄성을 회복하며 섬김을 위한 체계적이고 구체적인 사랑을 실천하는 것이다.

재가노인이란 장기치료나 요양보호를 목적으로 수용시설에 입소된 노인을 제외한 지역 사회 내에 살고 있는 모든 노인을 지칭한다. 재가노인복지 사업의 정의를 말할 때 광의적 표현으로는 시설이 아닌 가정에서 생활하는 노인을 위한 제반 복지 서비스로 소득보장, 주거보장, 의료보장 및 사회 서비스 보장까지 포함하고 있다. 협의적 표현으로는 건강상에 문제가 있는 노인에 대한 제반 건강보호 서비스와 사회적 보호 서비스를 제공하는 것이다. 지역 사회 내에 살고 있는 노인이나 부양자에게 필요한 서비스를 직접 가정에 제공하거나, 지역 사회의 의료, 복지 시설을 이용하여 노인이 가정에 계속 머물면서 정상적인 일상생활을 영위할 수 있도록 도와주는 사업을 지칭한다.

그러면 재가노인복지 사업의 목적은 무엇인가? 정신적, 신체적 이유로 혼자서 일상생활을 수행하기가 불편이 있는 노인 가정에 대하여 필요한 각종 서비스를 제공함으로써 지역 사회 내에서 가족 및 친지와 더불어 건전하고 안정된 생활을 영위할 수 있도록 하고 자족의 수발부담을 덜어 주도록 하는 데 그 목적이 있다.

한발 더 들어가서 재가노인복지 사업이 왜 교회에서 필요한가? 먼저 성서적 근거를 들자면 오늘날의 노인복지의 기원은 일찍이 구약성경에 기초하고 있음을 알 수 있는데 이미 구약의 족장시대부터 부모공경에 관하여 율법으로 규정하고 있음을 보게 된다. 십계명 가운데서 제5계명은 인간 간의 윤리 덕목 중 가장 우선되는 '효'에 관한 말씀으로 부모공경에 관한 율례이며 대인 계명 가운데 가장 먼저 언급되는 계명이다(창 22 : 9-10, 출 20 : 12).

신약성경에서는 노인복지에 대하여 마태복음 15 : 4~8과 마가복음 7 : 10~13의 말씀에서 부모를 욕하고 저주하는 것조차 하나님의 계명을 어기는 것이며 이는 곧 죽음에 이르기까지 한다고 명하고 있다. 또한 에베소서 6 : 1~3에서는 "너희 부모를 주 안에서 순종하라. 네 아버지와 어머니를 공경하라."라고 기록하고 있다.

그리고 사회학적인 입장에서 서술해 보면 첫째는 시설에서 생활하는 노인의 비율보다는 익숙해진 가정에서 살고 있는 노인 비율이 높다. 둘째는 65세 이상의 노인 중 86.8%가 만성퇴행성 질환을 가지고 있으며 이들 중 치매와 중풍 등으로 항상 간호를 요하는 노인이 26.8%이다. 이들은 일상생활의 제한을 받고 있어 타인의 도움을 필요로 한다. 셋째는 가구규모의 축소, 여성의 사회진출, 부양의식의 변화에 따른 가정의 부양 능력이 약화되고 있다. 따라서 가족의 노인보호 기능을 보강하기 위해서 재가노인복지 서비스가 필요하다. 넷째는 재가노인복지 서비스는 노인의 시설입소를 예방하거나 지연시키며, 재가보호가 시설보호보다 효율성과 효과성이 높은 경우가 많다. 다섯째는 시설의 수용 능력에 한계가 있기 때문에 재가(在家)에서의 요양보호가 필요하다.

1. 합천소망교회 현황과 지역 사회의 현황

조선 태종 13년(1413)에 합천이라 하였으며 합천은 좁은 내라는 뜻으로 이 지역이 산이 많고 들판은 없어 온통 산으로 둘러 쌓인 좁은 계곡이 많다는 뜻과 부합되는 것으로 풀이 된다. 1914년 3월에 행정구역이 개편되면서 분지를 이루고 있는 초계와 삼가가 합천군으로 편입되면서 현재의 합천군이 되었다. 합천에는 팔만대장경을 소장하고 있는 해인사가 있다. 최초의 해인사는 신라 애장왕 3년 802년에 창건되었다가 이후, 화제로 5번 소실되고 다시 재건축하고를 반복했다. 마지막으로 조선왕조 성종 12년 1481년에 재건축된 이후, 무탈하게 지금까지 보전되고 있다.

많은 사람들이 알고 있듯이 불교의 영향력과 문화가 강할 것이라고 짐작할 것이다. 경남 합천군 지역은 불교문화가 주민들의 가정 속에서 일상생활에 깊이 자연스럽게 내재되어 있다. 점(占) 보는 것도 노인들 세계에서는 자연스러운 일이다. 음력으로 달력을 보고 그것에 맞추어 생활하는 것이 노인들의 일상이다. 지방자치단체(합천군청)의 행정도 불교 문화와 불교 신도의 영향 속에서 결정되고 집행되며 지자체 예산도 불교행사 위주로 집행된다. 불교 신도가 90% 이상은 되니 그럴 수밖에 더 있겠는가!

기독교는 120년 전에 호주 선교사에 의해 개척된 고신 측 교회가 명맥을 이어 가고 있으며 140명의 신도를 유지하고 있다. 그 외에 작은 교회들이 교단별로 자리 잡고 있다. 이와 같이 불교가 깊게 자리 잡고 있는 합천군 지역에서 협력해 줄 교인도 없이 가족과 함께 주님만 바라보면서 개척교회를 시작하게 되었다.

2. 노인목회를 시작하게 된 동기 및 배경

합천군의 65세 이상의 노인 인구 비율은 35%라고 한다. 노인들이 대부분 불교인이기는 하지만 불교에 대하여 깊이 알고 있는 것도 아니고, 샤머니즘, 토테미즘이 복합된 불교를 믿고 있기 때문에 복지와 봉사활동을 통하여 일대일로 접촉하게 되면 예수님을 소개할 수 있고, 기독교에 대하여 부정적 생각만을 가지고 있던 노인들에게 긍정적인 면을 설명하고 소개할 수 있을 것이라는 생각이 들었다. 외롭고 병들어 있으며 소외받고 있는 노인들에게 봉사활동과 복지 프로그램을 통하여 예수 그리스도 복음을 전하는 것은 이미 옛날부터 기존 불교를 신봉하고 있는 노인들에게는 좋은 접촉 방법이 되리라 여겨졌다.

구 분	합 계	남(男)	여(女)
0~19세	5,372	2,803	2,569
20~64세	25,128	13,594	11,534
65세 이상	17,009	6,256	10,753
총 계	47,509	22,653	24,856

〈합천군청 홈페이지 참조 : 2017년도 합천군 인구 현황〉

3. 합천소망교회의 노인목회 내용 및 프로그램

순번	사업명	개시년도	사업내용	소요인원	비용
1	쓰레기 줍기	2007년도~ 계속	군청 환경위생과와 협력하여 쓰레게 봉투를 지원받아 도로의 쓰레기를 주으면서 교회를 홍보한다.	봉사자 : 2~5명	없음 (혹은 실비)
2	종합병원	2008년도~	시골의 병원에는 노인들이 많이	봉사자 :	없음

	에서 안내 봉사하기		모인다. 병원비가 저렴하기 때문이다. 안내하면서 간접 전도할 수 있다.	1~2명	(혹은 실비)
3	호스피스 활동	2008년도~	시골에도 말기암환자가 집에서 임종을 앞두고 홀로, 혹은 부부가 투병을 하고 있는 가정이 있다. 그 상황이 전도하기 좋은 상황이다.	봉사자 : 1~2명	없음 (혹은 실비)
4	노인 상담 사로 활동 하기	2007년도~	농협업무, 우체국, 보건소, 면사무소 업무, 개인 걱정거리를 상담하고 해결해 드린다.	봉사자 : 1~2명	없음 (혹은 실비)
5	한글학교 운영	2010년도~	한글, 혹은 숫자를 모르는 분이 산골짝에 계시다. 소그룹 혹은 1 : 1로 지도하는 경우도 있다.	봉사자 : 1~2명	없음 (혹은 실비)
6	문화재 관광해설사 활동	2009년도~	군청 문화체육과에서 시행하는 지역관광해설사 교육을 받고 외부 관광객에게 설명 안내해 드린다.	봉사자 : 1~2명	없음 (혹은 실비)
7	안마, 지압 봉사활 동하기	2012년도~	할아버지, 할머니들에게 부드러운 지압봉으로 어깨, 등, 허리를 안마한다. 지압 경혈을 따라 해 드린다.	봉사자 : 1~2명	없음 (혹은 실비)
8	경로당 청소하기	2007년도~	경로당, 노인정에 먼지가 많다. 이불 떨고 바닥을 전기청소기로 돌리고, 걸레질을 시행한다.	봉사자 : 2~3명	없음 (혹은 실비)
9	노인영화 관람 체험하기	2016년~	합천읍에 작은 영화관이 2016년 5월에 오픈했다. 그곳에서 영화 관람을 한다.	봉사자 : 4명 내외	없음 (혹은 실비)
10	힐링체조 하기	2014년 ~	스트레칭 체조를 노인에게 맞게 쉽고 부드럽게 체조를 시행한다.	봉사자 : 1~2명	없음 (혹은 실비)
11	가요음에 맞춰 복음가사로 변경하여 부르기	2016년도~	불교인이나 일반인은 가요(프롯트)는 익히 알고 있으니 그 음에 복음적인 가사를 붙여 불러 드린다.	봉사자 : 2내외	없음 (혹은 실비)

4. 노인목회의 예산 및 결산

개척교회에 없는 것이 있다면 교인이 없고, 헌금할 만한 성도가 없고, 성미가 없으며, 생쥐가 없다. 그러나 있는 것도 있다. 예수님이 계시고, 성경말씀이 있으며, 예배당 빈자리가 있으며, 기도의 열정이 있으며, 무궁무진한 신선한 아이템이 있다. 주님 이외는 협력자가 전혀 없는 개척교회를 세워 가고 있는데 노인복지목회에 직접적으로 투자할 재정(예산)이 있겠는가? 교회에서는 헌금에 관련된 수입이 있어야 예산을 세울 수 있는데, 불교가 강한 합천 땅에서 개척 교회를 세워 가는 담임목사로서는 초창기에는 예산을 세울 수가 없었다. 우리 주변의 평범한 개척교회의 현실은 모두가 비슷할 것이다. 그러기에 지역마을 공동체와 지역 주민을 섬기는 디아코니아 선교를 시작하기는 쉽지 않다. 함께 봉사할 인력이 필요한데 인력이 없고, 지역 주민들이 필요로 하는 '빵'을 제공해 주고 싶은데 돈이 없기에 제공해 줄 수 없다. 성경에 나오는 선한 사마리아인도 강도 만난 나그네에게 약을 제공했고, 수송 수단을 제공했고, 돈을 제공해 주었다고 기록하고 있다. 불교문화 강한 합천에서의 초기 개척사역 주안점은 합천군에 살고 있는 불교 신도를 향하여 예수 그리스도의 마음을 품고 봉사활동으로 다가가는 섬김이었다. 도로에 있는 쓰레기 줍기, 종합병원에서 자원봉사하기, 임종을 앞둔 암 환자를 찾아가서 호스피스 활동하기, 초등학생 학습 지도, 독서 지도해 주기, 교육청 소속 학부모 자원봉사자로 활동하기, 문화 관광해설사로 활동하면서 많은 사람을 만나기, 군정 SNS 모니터로 활동하기 등은 큰 돈이 없어도 일단 시작할 수 있는 지역 주민을 향한 디아코니아 선교이다. 이렇게 쉽고 작은 것으로부터 진행하다가 법적인 조건을 갖추어

국민건강보험 장기요양보험 제도를 활용하여 디아코니아 선교를 할 수 있다. 디아코니아 선교 활동을 할 수 있는 본부사무실을 임대했다, 약 6~10평의 넓이의 사무실이었다. 간단한 기재를 준비했다. 개인적으로 집에서 사용하던 컴퓨터, 팩스, 전화기, 큰 책상, 책꽂이, 의자를 옮겨다 놓고 봉사 활동을 시작하게 되면서 디아코니아 선교의 거점 사무실이 된 것이다.

지자체(합천군청 주민복지과) 노인담당 주무관에게 국민건강보험 노인장기요양보험(http : //www.longtermcare.or.kr)으로부터 활동 지원을 받을 수 있도록 노인장기요양기관으로 신청할 테니 승인해 달라고 했다. '장기요양기관 신청서'를 첨부 서류와 함께 제출하여 합천군청에서 합천군수 이름으로 장기요양기관 신고서가 발급되었다. 그 후부터는 제도권 안에서 공식적으로 노인 복지 돌봄 사업을 하게 되었고, 노인복지를 활성화할 수 있는 활동 비용이 금융 계좌 통장을 통하여 매월마다 들어오게 되었다. 그 수입을 가지고 계속적으로 꾸준히 디아코니아 선교를 하게 되었고, 불교인, 무당, 점쟁이 노인들을 만나서 케어(요양)하면서 디아코니아 선교를 지속적으로 수행하게 됐다.

좀더 업무와 관계되는 상세한 행정과 업무지침은 별도의 구두 특강이나 세미나로 공유하면서 알려 드릴 수 있다. 잠깐의 봉사 이벤트로는 디이코니아 목회를 장기적으로 계속할 수 없다. 목사가 노인의 삶의 현장에서 하나님을 섬기는 마음으로 정성을 다해 독거노인들을 돌보아 드릴 때에 효과를 볼 수 있다. 친자녀들도 그렇게 효도하고 섬길 수가 없을 것이다. 그러기에 자녀들도 감동하는 것이다. 입으로만 지시하고 컴퓨터 사이트와 행정 종이 서류로 산골짝에 계신 독거노인을 관리해서는 디아코니아 목회를 할 수가 없다.

5. 노인목회의 성과와 부족한 점, 앞으로의 해결 과제, 향후 계획

불교가 강한 지역에서 목회 활동을 해 오는 목사 입장에서는 현장 지역의 생활을 빠른 시일 내에 알 수 있고, 깊이 파악할 수 있는 방법이 노인목회이다. 노인들에게 봉사 활동과 복지 프로그램을 시행하면서 불교 신자인 노인 가정에 쉽게 접근할 수 있고, 가정사를 알게 되면서 복음 증거의 접촉점을 발견하게 된다. 즉, 현재 합천의 노인들은 불교를 신봉하고 있지만 출가하여 다른 도시에 살고 있는 딸, 아들은 기독교를 믿고 있는 경우도 있어서 가족의 종교 가계도 상황을 파악하게 된다. 또한 시골 산골짜기에 살고 있는 독거노인 중 젊을 때 무당이나 스님으로부터 신내림을 받고 무당과 점쟁이로 활동을 하던 독거노인들을 만나게 되고 그분에게 지속적으로 봉사 활동과 요양(케어)을 하면서 서서히 예수 그리스도를 소개할 수 있는 시간을 얻게 된다. 지역 사회의 일반 주민들 입장에서는 장로교 통합 측 목사가 산골짜기 시골마을의 구석구석 가가호호 찾아다니면서 독거노인들에게 돌봄(케어)을 실천하는 것을 보고는 기독교에 대하여 부정적인 정보만을 들었다가 생각이 바뀌면서 긍정적인 생각으로 목사를 바라보게 된다. 일반 주민들이 기독교와 목사를 바라보는 선입견은 타 종교인들을 만나게 되면 다짜고자 붙잡고 "예수 믿으세요!", "오늘밤에 당신이 죽는다면 천국에 들어갈 준비가 되었습니까?"라고 무례하게 심성을 건드는 종교 광신자 정도로만 알고 있다. 즉, 입만 가지고 예수 믿으라고 하는 종교적 논쟁을 일삼는 사람들로 낙인찍으면서 바라보고 있다는 사실을 타 종교 주민의 현장 속에서 발견하고 느끼게 되었다.

순간의 편안함과 쾌락은 나를 공부로부터 멀어지게 하고 게으르게 하고 잠자게 만들지만, 고통은 내 눈을 맑게 해 준다. 그러므로 고(苦)는 고(苦)가 아니다. 고난을 통해 많은 것을 배웠다면 고난은 축복일 수 있다. 담금질을 많이 하면 할수록 좋은 칼이 만들어진다. 선교를 하다가 당하는 고난(苦難)은 좋은 선교의 도구(칼)를 만들기 위한 담금질인 것이다.

신학의 시작은 삶의 자리이다. 목회의 시작도 삶의 자리이다. 그 삶의 자리에 존재(Being)하면서 하나님의 말씀, 예수 그리스도의 말씀을 실천(Praxis)하면서 일상생활을 하면서 살아가는 것이 전도요, 선교요, 목회이다.

나가는 말

필자는 중년의 나이에 대형교회에서 부교역자, 부목사로 목회를 하다가 불교 문화가 활발한 합천군의 황무지 같은 땅에 개척교회를 세우고 목회 사역을 시작했던 지난 10년을 뒤돌아보면, 서러움과 핍박의 기억이 주마등같이 눈앞을 지나가면서 눈물부터 흘러내린다. 서울에서 태어난 필자로서는 생소하고 낯선 합천에서 목회를 하고 선교 활동을 한다는 것은 전쟁이 일어나고 있는 적지에 특공대로 나홀로 던져진 느낌이었다. 그러기에 더욱더 나를 도울 분은 주님밖에 없다는 생각이 들었다. 많은 불교신자들 속에서 복지 프로그램을 하고 봉사 활동을 할 때면 무언의 기도를 하면서 선교 활동을 진행해 왔다. 불교 신자들 중 주도적인 세력들로부터는 "김진호 목사가 봉사 활동, 교육 사업, 복지 시설이라는 위장 전술로 기독교 복음 전도 활동을 하고 있다."는 집중적이고 조직적인 공격을 받았다. 그들은 다른 불교신도를 동원하여 경찰

서와 검찰청에 무고하게 투서를 넣기도 하고 고발을 하기도 해서 수차례 검찰 조사를 받으러 옆 지역 거창군의 거창검찰청에 출두한 적도 있다. 개척교회 예배당과 사무실 앞집에 살고 있는 아저씨가 술을 먹고 와서 방해하고자 행패를 부리고 목을 조르면서 죽이겠다고 폭력을 행사하기도 했다. 한참 동안 목뼈에 통증 때문에 사역을 할 수가 없었다.

주께서 말씀하신 성경 구절이 생각난다. 내 귀에 쟁쟁하게 들렸다. "내게 능력 주시는 자 안에서 내가 모든 것을 할 수 있느니라"(빌 4 : 13)는 말씀이었다. 사람은 일생을 살면서 몇 번인가의 절망적인 상황에 빠질 때가 있다. 그때 그 사람의 진면목을 볼 수 있다. 괴로운 상황이 되었을 때 어떻게 탈출하느냐가 그 포인트이다. 몸부림치지 않고 정신 똑바로 차리고 나오는 길을 찾아내려고 하면 출구는 조금씩 보인다. 좋은 상황에는 디아코니아 사역을 하고 상황이 나쁠 때는 디아코니아 사역을 중지하는 것이 보통이지만, 하나님의 일을 하는 디아코니아 사명자들은 현실적 상황이 나쁠 때일수록 깊이 있는 영성의 기도를 하면서 선교을 위한 지혜를 발휘하는 것이다. 적은 기도와 적은 열정이 꾸준히 쌓이면서 하나님의 나라가 확장되는 것이다.

불교 스님들의 간접적인 도움이 필요하겠다는 생각에 옆에 있는 천년 고찰 '연호사' 주지 스님을 초청하여 복지 프로그램과 봉사 활동에 협조를 부탁한 적도 있다. 그리하여 함께 프로그램을 진행한 적도 있다. 기독교 선교사들이 이슬람 종교가 강한 국가에서 선교 활동을 하려면 이슬람 핵심 종교 지도자들의 도움이 있어야 그 이슬람권 국가에서 생존하면서 지속적으로 기독교 선교 활동을 할 수 있는 것과 같은 맥락의 선교 방법이다. 한편 그런 와중에도 주변 지역의 기독교 목사들에게도 비판을 받았다. "저 개척교회를 하는 김진호 목사는 기독교 복음의 정체

성을 잃어버리고 불교의 스님과 함께 복지 활동, 봉사 활동을 하고 있다. 목사가 아니고 혹시 스님 아닌가?"라는 질투 섞인 비판도 있었다. "또 여호와를 기뻐하라 그가 네 마음의 소원을 네게 이루어 주시리로다"(시 37 : 4)라는 성경 말씀을 기억한다. "끝으로 나의 형제들아 주 안에서 기뻐하라"(빌 3 : 1상)라는 말씀을 되새겨 본다. 필자는 일반적인 관점에서는 가난한 자요, 빈곤한 목사이다. 그러나 "근심하는 자 같으나 항상 기뻐하고 가난한 자 같으나 많은 사람을 부요하게 하고 아무것도 없는 자 같으나 모든 것을 가진 자로다"(고후 6 : 10)의 말씀으로 위로 받으며 그 말씀을 가슴에 품고 사는 디아코니아 봉사자로 땅을 밟고 있다. 불교인이 많은 합천 지역 땅에서 예수님을 증거하고, 그리스도를 본받아 봉사하면서 살아가는 것이 이 땅에서는 서러움이요 아픔이 있지만, 저 천국에서는 면류관을 받을 만한 성경적 생활이라는 감격으로 살아가고 있다. Don't worry, Be happy, in Jesus Christ.

구원자 예수 그리스도
김진호 목사

흰 벚꽃 피고 지는 합천 땅에
죄인들을 찾아온 예수 그리스도
농산어촌 농민들이 열정을 바쳐
사랑한 그 이름은 예수 그리스도
가난한 땅 합천 백성을 구원하소서

합천소망교회 김진호 목사
경남 합천군 합천읍 동서로 124-5
055-933-4504

농어촌교회의 시대적 과제인 노인선교

| 거제다대교회 김수영 목사 |

들어가는 말

지금으로부터 33년 전 필자는 신학교를 졸업한 후 현 거제다대교회에 부임하여 오늘에 이르기까지 일평생 농민 선교만을 지향하며 살아왔다. 10년이면 강산이 변한다고 하는데, 강산이 3번이나 바뀔 세월을 지내고 보니 벌써 은퇴할 나이가 되었다. 돌이켜 보니 참으로 감회가 새롭고, 여기까지 인도하신 하나님 은혜에 감사하지 않을 수 없다.

필자가 처음 부임했을 때 젊었던 집사님들이 벌써 70세 이상이 되었다. 오늘날 모든 농어촌교회가 마찬가지이겠지만 젊은이들이 없다. 그러다 보니 아이들이 없어 교회학교(아동부, 중고등부)가 없어진 지 오래되었고, 60세 이상의 교인들이 주를 이루고 있다.

우리 다대교회 교인들의 세대별 구성 비율을 보면 총 45명 중 30대가 3명(다문화 가족들), 40대가 2명, 50대가 8명, 60대가 15명, 70대가 8명, 80대가 9명인데, 60세 이상 되는 노인들이 총 32명으로 71%나 된다.

교인들 중에 4명이나 요양원에 입소해 계시고, 앞으로도 그러실 분들이 여럿이 있다. 급격히 고령화되어 가는 우리 사회의 문제가 농어촌에 그대로 반영되고 있는 것이다.

뿐만 아니라 다대마을의 인구 분포도 마찬가지다. 70% 이상이 60세 이상이다. 이런 현상은 다른 농어촌교회와 농어촌 마을도 마찬가지가 아닐까 싶다.

정부에서 노인 인구를 조사한 통계에 따르면 2000년에 7.2%로 조사된 65세 이상의 노인 인구는 2018년에 14.3%, 2026년에는 20.8%로 증가해 초고령사회로 진입할 것으로 예상하고 있다.

오늘날 한국 사회 최대의 화두는 저출산과 급격한 고령화로 인한 노인 문제라 할 수 있는데, 우리의 농어촌은 그 현상이 더 심각하다. 이농 현상으로 젊은이들은 다 도시로 떠나 아이들의 울음소리가 끊어진지 오래되었고, 오갈 데 없는 노인들만 덩그마니 남아 있는 실정이다. 그런 농어촌을 장으로 하고 있는 농어촌교회 또한 노인들이 주를 이루고 있는데, 그 어르신들이 차례로 돌아가시게 되면 농어촌교회의 미래가 과연 어떻게 될지 심히 우려스러운 게 현실이다. 예측건데 머잖아 문을 닫는 농어촌교회가 속출하지 않을까 싶다.

이런 시대 변화의 소용돌이 속에서 교회가 아무런 대책도 없이 "세상이 그런 걸 어떡하겠어."라며 손 놓고 세월만 보낼 수 없는 일이 아닌가? 나중에 더 큰 위기가 오기 전에, 이런 상황을 돌파할 수 있는 농어촌

선교의 새로운 대책을 마련해야 하지 않을까 깊이 고민하던 중 노인 선교를 통해 농촌교회의 새로운 지평을 열어 가는 함양 안의제일교회(최상철 목사 시무)를 답사하면서 큰 도전을 받고, 최 목사의 도움으로 과감하게 정부 시스템을 활용한 노인 복지 사역을 시작하게 되었다.

오늘날 농어촌과 농어촌교회의 주를 이루고 있는 노인들, 일평생 자녀들을 기르느라 수고하고 오늘날 우리나라 발전에 시금석이 되었던 우리 할머니 할아버지들, 그 어르신들의 노년을 아름답게 보낼 수 있도록 돕고, 그 어르신들이 마지막 천국 갈 때까지 잘 섬기는 것이야말로 이 시대적 상황 가운데 농어촌교회가 감당해야 할 가장 중요한 하나님 선교가 아닐까 생각한다. 그래서 필자는 얼마 남지 않은 나의 농민 선교 사역을 노인 선교로 전환하기로 결정하게 되었다.

1. 농어촌교회의 시대적 과제인 노인 선교

고령화 시대에 접어든 우리나라의 농어촌에 거주하는 주위의 노인들을 살펴보면, 노후 준비를 하지 못해 대부분 어려운 노년생활을 보내고 있다. 그리고 자녀들은 대부분 직장을 따라 멀리 도시로 떠나고, 가족 없이 홀로 외롭게 살고 있는 노인들이 대부분이라고 해도 과언이 아니다. 그뿐만 아니라 노화로 인해 여러 가지 질병으로 고통 가운데 살고 있으며, 제대로 거동을 하지 못해 힘들게 살다 보니 가족들에게 부담을 주는 것이 노인들의 더 큰 고통이지 않을까 한다.

행복하게 보내야 할 노년인데 그러지 못하고, 그냥 방치된 가운데 마지못해 살다 보니 스스로 자괴감이 들어 오래 사는 것이 고역이라고 하는 어르신들의 하소연을 들으면 안타깝기 그지없다. 그러다 보니 숨진 지 보름 만에 발견되는 노인이 있는가 하면, 잦은 병치레와 가난에 지친 나머지 스스로 목숨을 끊는 노인들이 속출하면서 오늘날 우리 사회에 큰 문제로 대두되고 있다.

사실 우리네 어르신들은 지난날 어려웠던 시대를 일으킨 귀한 분들이요, 먹을 것 안 먹고 입을 것 안 입으면서 자식들을 헌신적으로 뒷받침한 분들이다. 남은 생은 대접을 받으며, 하나님의 귀한 존재로 인간답게 행복하게 살아갈 수 있도록 해 드려야 할 책무가 우리 사회의 모두에게 있는데 그러지 못하는 자녀들과 우리 사회 시스템을 생각해 보면 정말 안타깝다 할 것이다. 그런 측면에서 오늘날 우리 사회의 노인 복지 시스템을 점검해 봐야 하지 않을까 싶다.

성경 말씀(마 25 : 35-40)에 보면 예수님이 "내가 주릴 때에 너희가 먹을 것을 주었고 목마를 때에 마시게 하였고 나그네 되었을 때에 영접하였고 헐벗었을 때에 옷을 입혔고 병들었을 때에 돌보았고 옥에 갇혔을 때에 와서 보았느니라 이에 의인들이 대답하여 이르되 주여 우리가 어느 때에 주께서 주리신 것을 보고 음식을 대접하였으며 목마르신 것을 보고 마시게 하였나이까 어느 때에 나그네 되신 것을 보고 영접하였으며 헐벗으신 것을 보고 옷 입혔나이까 어느 때에 병드신 것이나 옥에 갇히신 것을 보고 가서 뵈었나이까 하리니 임금이 대답하여 이르시되 내가 진실로 너희에게 이르노니 너희가 여기 내 형제 중에 지극히 작은 자 하나에게 한 것이 곧 내게 한 것이니라" 하고 말씀하고 계시며, 요한일서 3 : 17~18에 "누가 이 세상의 재물을 가지고 형제의 궁핍함을 보고도 도와 줄 마음을 닫으면 하나님의 사랑이 어찌 그 속에 거하겠느냐 자녀들아 우리가 말과 혀로만 사랑하지 말고 행함과 진실함으로 하자" 하셨으니, 이 시대에 가장 사각지대에 놓여 있는 병들고 유약한 노인들을 하나님의 교회가 돌아보고 섬기는 노인 선교(복지)야말로 시대적 사명이 아닐까 한다.

이제 한국교회(농어촌교회뿐만 아니라 도시교회들까지)는 노인 문제를 이 시대의 하나님 선교의 중요한 과제로 보고, 노인 선교(전도)를 어떻게 해야 할 것인지, 어떻게 하면 효과적으로 노인 선교를 감당할 것인지를 깊이 고민하면서 노인 선교 정책(대안)을 마련해야 할 것이다.

그리고 교회가 더 이상 교회 안에만 머물러서는 안 된다. 사회를 향해서 더 적극적으로 참여하고 봉사하면서 그리스도의 사랑을 실천해야 한다. 그러기 위해 교회가 먼저 복지 사업을 실시해야 한다. 이는 선택의 문제가 아니다. 한국교회가 반드시 감당해야 할 시대의 과제요, 하나님의 사명이기 때문이다.

2. 노인 선교를 어떻게 해야 할 것인가?

요즈음 이런 사회적 변화에 따른 노인 문제의 심각성을 인식하고 이 문제에 접근하면서 앞서 가는 교회들이 노인들을 위한 여러 가지 선교 정책을 펴면서 그 나름대로의 역할을 감당하고 있다.

1) 노인대학 운영, 2) 노인 여름성경학교, 3) 효도 관광, 4) 노인들을 위한 성경공부반 운영, 5) 어려운 독거노인 가정들에 대한 선교금 지원, 6) 노인 의료 선교 등을 교회에서 일반적으로 실시하고 있다.

물론 이런 노인들을 위한 선교 프로그램을 운영하면서 노인들의 여가 시간을 즐기며 보내게 하고, 노인들에게 힘이 되어 주는 이런 사역도 필요하고, 지속적으로 감당해야 할 부분임에 틀림없다.

한편 일부 교회에서 운영하는 노인 선교는 구체적이고, 실질적이며,

지속적인 노인 복지 서비스가 아닌 일회성에 그치고 있으며, 형식적인 운영으로 노인 선교를 하는 경우도 있다는 얘기를 들으면 참으로 안타깝기 그지없다.

그 이유는 교회가 일반적으로 노인 복지에 대한 긍정적인 관심과 필요성을 느끼고 있긴 하지만 노인 복지에 대한 바른 이해와 지식이 부족하고, 교회의 지도자와 교인들의 사회 복지에 대한 인식 수준이 미숙하여 선행적 차원에 머무르고 있으며, 복지 서비스를 실행할 수 있는 정보와 지식도 부족해서 귀중한 노인 선교 사역을 제대로 감당하지 못하기 때문이다.

이제 노인 선교를 일회성이 아니라 지속적으로 펼칠 수 있도록 해야 한다. 나이 들면서 거동이 불편해지는 노인들이 우리 지역에 점점 많아지고 있는데, 그런 어르신들을 어쩌다 한 번 찾아가 "어떻게 계십니까? 식사는 잘 하시고요! 건강은 어떠하신지요?" 등을 묻는 립 서비스나 형식적 차원으로 끝나서 안 된다. 그런 정도로는 어르신들에게 아무런 느낌도, 감동도 줄 수 없기 때문이다.

그리고 거동이 불편한 어르신들이 절실히 필요한 것은 누가 밥이라도 챙겨 주고, 목욕이라도 한 번 시켜 주는 것인데, 그런 필요에 따른 도움은 주지 않고 "교회 나오세요. 예수 믿으세요!" 하면서 공허한 메아리 전도만 하고 돌아오는 전도-개인 구원 차원의 노인 선교는 실효성이 없다. 때문에 어르신들이 천국 갈 때까지 그들의 필요와 요구를 지속적으로 지원하고, 돌보고, 케어할 수 있도록 해야 하는데 그런 일은 국가가 아니고는 불가능하다.

그래서 국가에서는 국민들이 건강보험료를 낼 때 건강보험료의 6.55%를 장기 요양 보험료로 내게 하고, 그 보험료로 노후에 노인성 질환으로 일상생활을 혼자서 수행하기 어려워질 때 국가의 돌봄이 필요하다고 판정(1-5등급)하면 수급자의 가정에서나 장기 요양 기관(입소시설, 주야간 보호 등)에 입소하여 신체 활동이나 인지 활동, 가사지원 활동 등의 장기 요양 급여를 제공받아 혜택을 볼 수 있도록 제도화하였다.

이제 국가 건강보험 공단에서 시행하는 노인 복지 서비스 시스템을 잘 활용하여 교회에서 이 서비스를 제공하는 것이 필요하다. 치매에 걸리거나 거동이 불편해서 가족들이 돌보기 정말 어려운 어르신들에게 예수님의 심장으로 잘 훈련된 요양 보호사 선생님을 매일 파송하여 지속적으로 잘 섬기고, 돌보고, 케어하게 되면 어르신들과 가족들이 교회와 목사에 대한 종교적인 편견을 넘어 감사하게 될 것이고, 자녀들이 감당하지 못하는 일을 교회가 감당하기에 나가 있는 자녀들이 감동받게 될 것이며, 종국적으로 하나님께 영광이 되리라 확신하게 되었다. 필자는 이 시스템을 활용한 지속적인 노인 선교를 계획하고 2015년 6월에 '무지개숲길노인복지센터'라는 이름으로 허가를 득한 후 노인 복지 서비스를 제공하고 있다.

이 노인 복지 서비스는 정부가 해야 할 복지 서비스를 교회가 대신함으로써 노인들과 그 가족들에게 도움을 주고, 힘 되어 주므로 예수님의 사랑을 실천하는 것이라 할 수 있다.

보통 사회 복지사들은 이 사역을 사업적 차원에서 접근하지만, 교회나 크리스천들은 사업이 아닌 선교 차원으로 승화시켜 지속적으로 어르신들을 섬기게 되면 교회의 선한 역량을 지역 사회에 극대화하면서 하나님 나라를 확장해 나아갈 수 있을 것이라 믿어 의심치 않는다.

3. 다대교회의 노인 선교 활동

필자는 위에서 언급한 대로 이 시대의 농어민선교를 효과적으로 감당하기 위해 노인복지 센터 설립을 허가받고, 그 이름을 무지개숲길노인복지센터라 하였다. 2015년 6월부터 정부의 노인 복지 시스템을 이용한 방문 요양, 목욕 이동 차량을 이용한 방문 목욕, 복지용구 지원 등 3가지의 재가 복지 서비스를 실시하고 있다.

노인 복지 센터를 처음 시작했을 때는 수급자가 한 사람도 없었다. 하지만 "처음은 미약하지만 나중엔 창대하리라."는 약속을 믿고, 1년 9개월 동안 열심히 이 사역을 감당해 왔다. 모든 어르신들을 하나님 대하듯 지극 정성으로 대하고 섬기고, 어르신들의 여생을 조금이라도 편하게 해 드릴 수 없을까 생각하면서 말이다.

그 열심 위에 하나님이 축복하셔서 방문 요양 서비스는 35가정으로 늘어났고, 방문 목욕도 60명 이상 되어 풀가동하여 어르신들 목욕을 시켜 드리고 있으며, 복지용구도 꾸준히 공급하고 있다. 돌이켜 보면 전적인 하나님의 은혜다.

이 사역을 바탕으로 올 12월에는 9인 주간 보호 센터와 9인 노인 공동 가정생활 시설 83평을 건축하여 노인 복지 종합 센터를 운영할 계획을 세우고 20년 전에 구입한 산에 건축허가를 받아 토목 공사를 시작하였다. 그리하여 우리 지역의 노인들을 멀리 보내지 않고, 남부면 지역의 노인들은 무지개숲길노인복지센터에서 커버할 계획이다.

동네 어르신들은 멀리 있는 요양원에 들어가려고 하지 않는다. 왜냐하면 버려진다는 생각과 내가 요양원에 가면 마지막이 될 것이라는 막연한 두려움 때문이다.

그런데 여기 남부면 지역에 세워질 무지개숲길 노인 복지 요양 시설은 9인 공동 가정생활이다. 이곳은 수용소 같은 대규모 시설이 아닌 가정 같은 소규모의 황토집 요양원이며, 이곳에서 지역의 어르신들과 교인들을 24시간 모실 계획이기에 노인들이 소외감이나 두려움 없이 내 집같이 편안히 지낼 수 있을 것이다. 그리고 어르신들이 천국 가는 그날까지 마지막 여생을 가족들에게 부담을 주지 않고 요양원에서 편안히 계시다가 생을 마감할 수 있도록 할 계획이다.

또 9인 주간 보호 시설은 장기 요양 등급을 받으신 어르신들을 아침 8시에 센터에 모셔 와 점심, 저녁, 간식을 대접해 드리고, 낮 동안 여러 가지 어르신들을 위한 재미있고 유익한 프로그램을 운영할 계획이다. 상설 노인대학처럼 노인학교를 운영함으로써 어르신들의 시간을 무료하게 보내지 않게 하고, 하루하루 재미있게 시간을 보내고 행복하게 지내다가 저녁 6시에 집에 모셔 드리는 복지 서비스를 제공할 계획이다.

그리하여 지역의 어르신들이 눈만 뜨면 교회의 무지개숲길노인복지센터에 오고 싶게 되는 노인 천국 센터로 만들 계획이며, 어르신들이 천국 갈 때까지 정부 시스템을 활용하여 지극 정성으로 섬기는 꿈의 노인복지공동체를 만들어 갈 계획이다.

처음 목욕 차량을 준비한 후 수급자가 한 사람도 없는 상황에 정말 막막했다. 하지만 시간이 지나면서 목욕 이동 차량도 안정되고, 방문 요양 숫자도 점점 늘어나고 있으며, 총 직원이 30명으로 늘어나 얼마나 감사한지 모른다. 필자는 이 사역을 통해 앞으로 더 열심히 노인들을 섬길 계획이다. 그리고 목욕 차량은 이동이 가능해서 아무 때나 어디든지 목욕 봉사를 할 수 있기 때문에 거제도 골짝 골짝마다 안 가는 곳이 없다.

몸이 불편해서 거동 자체가 힘든 농촌 골짝에 계시는 어르신들이 목욕탕이 있는 있는 시내로 멀리 이동한다는 것이 얼마나 힘든 일인지 모른다. 그런 어르신들이 장기 요양 등급을 신청해서 등급을 받도록 해 드리고, 목욕 신청을 하는 경우 찾아가서 안내해 목욕을 하시게 하면 얼마나 좋아하는지 모른다. 만나기만 하면 그저 고맙다고 몇 번을 인사하신다. 그러면서 또 다른 이웃 어르신을 자꾸 소개해 주신다. 이러한 모습을 보면서 이 사역을 통해 어르신들을 섬길 수 있음에 얼마나 감사한지 모른다. 아직도 이 제도를 잘 몰라서 혜택을 받지 못하는 노인들도 많고, 자녀들은 바쁘고 멀리 떨어져 있기에 노인 장기 요양 등급을 내줄 사람이 없어서 이런 복지 서비스를 받지 못하는 어르신들이 농촌 마을 곳곳에 있다.

그런 어르신들의 등급이 나오도록 안내해 드리고, 몸이 불편해서 병원에 가기도 힘든 어르신들을 모시고 병원에 가서 의사 소견서를 넣도록 도와드리면 정말 보람되고 뿌듯하다.

지난 30년 동안 필자의 농민 선교 지역은 남부면 지역과 다대마을에 국한되어 있었다. 하지만 노인 선교를 시작하면서 선교 지역이 거제도

전역으로 확대되었는데, “세계는 넓고 할 일은 많다.”는 말을 실감하면서 신나게 이 사역을 감당하고 있다. 할 일이 더 많아져 바쁘긴 하지만 너무 행복하다. 누군가 살맛 난다고 했는데, 요즈음 필자의 삶이 정말 그런 것 같다.

필자는 앞으로 이 사역을 통해 거제 전 지역의 모든 교회들과 연대하고, 협력함으로 노인 선교의 새로운 장을 열어 갈 계획을 세우고 있다. 왜냐하면 모든 교회들이 이런 사업을 다 허가받아 운영할 수 있는 것이 아니기 때문이다. 따라서 이미 허가를 낸 노인 복지 센터와 지역에 있는 여러 교회가 연대해서 각 지역의 어르신들 중에 국가의 돌봄이 필요한 노인 대상자를 파악한 후, 각 교회들이 센터와 연계해서 같이 정부에서 제공하는 노인 복지 서비스를 받도록 안내할 예정이다. 우리 센터에서는 파악된 어르신들이 방문 요양과 방문 목욕 서비스를 받을 수 있도록 적극적으로 협조하고 실질적인 도움을 줌으로 그 어르신들을 그 지역 교회로 안내(전도)하여 지역 교회에 도움이 될 수 있도록 할 계획이다.

4. 다대교회 무지개숲길노인복지센터의 현 상황

앞에서 언급했듯이 무지개숲길노인복지센터는 재가 복지 센터 허가를 받아 정부의 노인 복지 시스템을 이용한 방문 요양, 목욕 이동 차량을 이용한 방문 목욕, 복지용구 지원 등의 3가지의 재가 복지 서비스를 실시하고 있다. 아래는 재가 노인 복지 시스템의 운영 내용이다.

1) 방문 요양

(1) 방문 요양 가정 : 총 35가정

(2) 방문 요양 보호사 : 25명
(3) 한 달 총 수입 : 16,400,000원
(4) 요양보호사 25명 인건비 : 10,000,000원
(5) 교통비(25명 교사) : 1,400,000원
(6) 직원 인건비(2명) : 4,000,000원
(7) 임대료 및 경비 : 1,000,000원

2) 방문 목욕
(1) 방문 목욕 가정 : 60가정
(2) 요양 보호사 2명, 운전기사 1명
(3) 한 달 총수입 : 14,508,000원(한 달 200회)
(4) 요양 보호사 2명 및 운전기사 1명 인건비 : 6,900,000원
(5) 직원 인건비 : 3,000,000원
(6) 차량 감가상각비 및 차량 할부금 : 1,600,000원
(7) 유류대 및 운영 경비 : 1,508,000원
(8) 직금 : 1,500,000원

3) 복지용구 임대
(1) 침대 및 휠체어 임대, 복지용구 판매 : 600,000원
(2) 침대 구입비 상환 및 소독비용 : 300,000원

나가는 말

농어민과 농촌, 그리고 농촌교회의 중요성을 아무리 강조해도 지나

치지 않음은 생명을 지키는 현장이기 때문이다. 지난날 한국교회의 못자리 역할을 했던 농어촌교회는 급격한 산업화, 도시화의 물결 속에 많은 사람들(특히 젊은이들)이 농촌을 떠나게 되므로 고령화된 농어촌 사회와 함께 점점 피폐해져 가고 있는 실정이라, 새로운 농민 선교의 돌파구를 찾지 않으면 안 될 어려움에 처해 있다.

노인들만 덩그러니 남은 농어촌과 농어촌교회는 노인 선교를 최우선 과제로 삼지 않으면 안 될 상황에 놓였다. 노인 선교는 일회성 선교가 아닌 지속적인 노인 복지 차원의 선교를 할 때에 효과를 극대화할 수 있다.

그러기 위해 국가의 노인 복지 서비스 시스템을 교회가 활용하여 노인 복지를 펼쳐 나아가거나, 그런 역할을 하는 노인 복지 센터와 연대해서 어르신들을 섬기면 노인 선교(전도)에 새로운 지평을 열어 갈 수 있지 않을까 생각한다.

시대의 상황은 어렵지만 도리어 하나님께서 교회에 주신 새로운 기회요, 사명임에 틀림없다. 어려운 상황이 문제가 아니라 새로운 시대를 열어 가고자 하는 비전이 없고 그런 비전을 이룰 뜻있는 사람들이 없어서 문제인 것이다. 하지만 남은 자들을 통한 하나님의 새로운 역사는 계속될 것이며, 그런 현장을 축복해 주실 줄 믿어 의심치 않는다.

거제다대교회 김수영 목사
경남 거제시 남부면 다대리 102-1
055-633-1097

3부

노인복지센터를 통한 노인목회

모악제일교회 노인복지목회

| 모악제일교회 안양욱 목사 |

들어가는 말

모악제일교회는 디아코니아적 목회를 지향하는 교회로 복지 사업에 특히 힘을 쓰고 있다. 노인대학과 노인복지센터, 지역아동센터를 운영하면서 복지목회를 하고 있다. 지금 시대의 복지목회는 특수목회로 불리고 있다. 그러나 이 사역은 주님이 이 땅에 오셔서 친히 행하셨고 너희도 가서 이같이 행하라 하시며 현대 교회에 주신 사명이요, 명령이라 생각한다. 모악제일교회는 개척부터 '눈에 보이는 것이 사명'이라는 하나님의 가르침을 좇아 주변을 돌아보게 되었다. 복음서에 나타난 예수님의 행적을 그대로 실천하여, 가정과 사회에서 소외되고 변화가 빠른 사회에서 적응하지 못하여 어려움을 겪고 있는 이웃들과 함께하자는 마음으로 2005년 지역아동센터와 노인대학을 개설했다. 주님의 마음을 품고 주님이 친히 이 땅에 오셔서 몸소 행하신 사랑과 섬김을 본받아 주어진 사역에 최선을 다한 결과, 2007년 장로교 복지 재단 법인을 활용하여 노인복지센터 허가를 받을 수 있었고, 복지목회라 일컬어지는 이 자리까지 오게 되었다. 단순히 면 소재지에 위치하여 노령 인구 비율이 높기 때문이 아니었고, 마태복음 22 : 38~40 말씀인 '하나님 사랑, 이웃사랑'과 에베소서 6장 "네 부모를 공경하라. 그리하면 이 땅에서 잘되고 장수하리라."는 말씀을 목회 철학으로 삼았기에 가능했던 일이다. 지금부터 10년이 넘는 기간 동안 모악제일교회가 걸어온 복지목회에 대해 간략히 소개하고자 한다.

1. 교회 현황과 지역 사회 현황에 대하여

모악제일교회는 농촌 마을 면 소재지에 속해 있는 교회이며, 1996년에 개척한 이후 20년 동안 한결같이 지역 사회와 지역 주민들을 섬기며 나누어 왔던 교회이다. 현재 전도사 2명, 장로 2명, 안수집사 4명, 권사 6명, 서리집사 20명이 직분을 갖고 교회를 섬기고 있으며, 그 외 은퇴자 45명, 아동부 8명, 중고등부 5명의 교회 안 성도와 교회 밖 복지 대상자 70명, 노인대학 70명, 아동센터 25명 등 총 230~240명을 섬기는 공동체를 이루고 있다. 기관으로는 남선교회, 1~2여전도회가 있고, 5개의 구역과 7개의 목장이 있다.

교회는 전북 완주군 구이면 하학길 37-5에 위치하고 있다. 교회가 위치한 구이면의 면적은 89.08㎢(본 군의 10.8%)이며, 답 5.93㎢/전 4.62㎢/임야 68.85㎢/대지 1.39㎢/기타 8.29㎢로 구성되어 있다. 구이면에는 9개 리, 42개 분리, 48개 자연마을이 있고, 인구수는 6,016명(2017. 1. 기준), 가구 수는 2,689호(2017. 1. 기준)이다.

구이면은 도립공원인 모악산과 경각산 사이에 구이저수지를 끼고 삼천천이 흐르고 있으며, 산과 계곡, 하천과 평야가 조화되어 자연 경관이 무척 아름다운 지역으로 많은 종교가 집결되어 있는 지역이다. 모악산은 증산도의 발원지이며 불교 사찰(2개)과 많은 암자들, 그리고 유교, 구원파, 여호와의 증인의 왕국회관, 이승헌의 기센터 등이 있고, 계곡마다 무속인들이 집결되어 있는 지역이다. 완주군에서는 전원주택 택지를 개발하여 구이면 인구 유입에 최적화를 이루었고 해마다 세대수와 인구가 빠르게 늘어 가고 있다. 주 농업은 전체 면적의 13.2%를 가진 논농사이고, 원주민과 유입된 주민들이 조화를 이룬 인심과 정이 많고 온순한 주민 성향을 가진 지역이다.

완주군의 전체 인구(86,000명) 중 65세 이상 노령 인구는 15,000명을 넘어 약 18%에 달하는데, 갈수록 노인 인구 비중이 높아져 초고령사회 지역이 되어 가고 있다. 구이면 역시 인구 6,016명(2017. 1. 통계) 중 26%(1,570명)가 65세 이상 이미 초고령사회에 해당하는 고령화 지역이다. 특히 지역 내에 거동이 불편한 노인 인구 비율이 높아 경제적, 정신적, 육체적으로 도움이 필요한 어르신들의 인구가 점점 많아지고 있다. 또한 노령 인구가 증가함에 따라 경제적이고 활동적인 일자리를 원하는 노인 인구가 크게 증가하고 있는 추세다.

2. 복지목회를 시작하게 된 동기 및 배경

본인은 불교와 유교 혼합 종교를 가진 가정에서 성장했고 가족 중

유일하게 혼자 예수님을 믿게 되었다. 어렸을 때 존경한 위인은 페스탈로치, 슈바이처 같은 인물이었고 그들을 동경하는 마음을 가지고 있었다. 그러나 예수님을 알고 난 이후 그분을 생각하고 그분의 인격과 성품을 닮아 예수님처럼 살고자 하는 마음을 가지게 되었다. 성인이 된 이후 전주예수병원에서 20년간 근무하던 중 하나님의 부르심을 받고 45세의 늦은 나이에 한일장신대 신학과에 진학했다. 어렸을 때 꾸었던 꿈을 갖고 사회 복지학을 전공하길 원했으나, 하나님의 강한 부르심에 소명을 받고 목회자의 길을 걷기로 결심한 것이다. 그러나 복지목회가 이루어진 오늘의 목회와 교회를 돌이켜 보면 긴 시간 하나님의 섭리와 인도하심이 어렸을 때 가졌던 그 꿈과 비전을 목회를 통해 이루어 주시고 역사하신 결과임을 깊이 깨닫는다. 우리 인간의 삶이 하나님의 손에 있음을 고백하지 않을 수 없고 나를 향한 하나님의 놀라운 계획 앞에 순종하는 것이 인간의 본분임을 다시 한 번 깨닫게 되었다.

1996년, 대학을 졸업하자마자 주님의 강권으로 현 위치에 모악제일교회를 개척하게 되었다. 본인은 당시 신학대학원 입학 전이었고, 교육전도사를 1년밖에 경험하지 않은 초보 신학도였다. 이곳에 개척을 하게 되었을 때는 이미 구이면 내에 13개의 교회들이 있었지만, 교회 안에 갇힌 목회, 교회 안의 성도만을 돌보아 왔기에 지역 사회와 주민들로부터는 경계와 의심의 눈총이 많았다.

개척 후 숱하게 하나님께 진심으로 기도했다. "나를 이곳에 보내신 하나님! 저는 이곳에서 무엇을, 어떻게 해야 하나요?" 그러던 어느 날, '눈에 보이는 것, 발에 채는 것'이 사명임을 깨닫고, 이 응답을 새로운 사명으로 삼게 되었다.

이곳 지역 주민들은 평균 연령이 60대이다. 만나는 어르신들마다 허리, 어깨, 무릎이 아프신 분들이다. '눈에 보이는 것'을 통해 지역 사회 어르신들의 필요를 깨닫게 되었고, 그들을 위해 첫 번째 시작한 사역이 침술선교단을 초청 2박 3일 무료 침술 선교를 시작한 것이다. 만남을 통해 지역 주민들의 필요가 무엇인지, 지역 사회의 욕구가 무엇인지를 파악하게 되었고, 그 일을 위해 지속적으로 매년 5월마다 침술 선교를 하게 되었다. 침술 선교를 시작으로 경로잔치, 영전사진 촬영, 이미용, 경로 관광, 지역 주민을 위한 무료 도서관 개관(도서 1,500권 소장) 등의 사업이 진행되었는데 모두 같은 원리로 이루어졌다.

2001년 서울교회(이종윤 목사 시무)를 통해 농촌 양·한방, 이미용 무료 선교 봉사대 40명이 3박 4일에 걸쳐 주민 500명을 초청해 밤낮없이 돌봄을 실천한 결과 12명의 주민이 결신자가 되었던 일, 2011년 서울 청담동 아름다운교회(현승학 목사 시무)를 통해 농촌 무료 선교단 40여 명이 3박 4일에 걸쳐 주민 10,000명을 초청하여 양 · 한방, 이미용, 장학금 수여 및 복음 전도와 복음 가수 공연을 통해 땀 흘리며 수고한 일 등으로 교회를 향한 차가웠던 주민들의 마음을 녹였다. 도시와 농촌 교회가 협력하여 봉사와 헌신으로 모악제일교회가 지역에 꼭 필요한 교회로서 자리매김을 하게 된 것이다. 이 일은 구이면 일대 주민들을 하나로 모으는 최초의 사건으로 지금까지도 잊지 못할 기억으로 남아 있다.

본인은 오늘에 이르기까지 주민들의 애경사에 참여하고, 병원에 입원 환자를 방문하여 위로하고, 지역 주민들의 필요가 무엇인지를 세심하게 살펴 그 일들을 관계 기관에 건의하여 개선하고자 노력하고 있다. 오늘날 모악제일교회가 지역 주민들과 친밀한 관계를 유지하게 된 것은 그러한 노력의 열매라고 생각한다.

상황과 환경만을 따져 돌이켜 보면 하나님이 내게 주신 비전은 1%도 가능하지 않았던 것들이었다. 그러나 기도하며 '눈에 보이는 것, 발에 채는 것'이 사명이라는 응답을 받은 이후 모든 것을 이 시대를 향한 주님의 요청으로 받아들이게 되었고, 이로 인해 어르신 돌봄이라는 사명을 가질 수 있었다. 이 모든 일들 속에서 하나님의 도우심을 통한 한 번 한 번의 성공이 자신감과 확신을 주었다. 그 후로는 재가 복지, 방문 요양, 방문 목욕, 노인 일자리 사업, 무료 급식, 독거노인 반찬 서비스 등 지역 주민들의 필요에 귀를 기울이고, 그 일을 위해 기관과 원활한 관계를 통해 주어진 일에 최선을 하다 보니 오늘의 복지목회가 이루어지게 되었다. 2007년 총회 복지 재단 법인을 활용해 구이노인복지센터를 설립하여 오늘에 이르게 되었고, 그 결과 2015년 장기 요양 기관 평가에서 최우수기관으로 선정이 될 정도로 성장한 것도 모두 하나님의 은혜가 아닐 수 없다.

3. 본 교회의 복지 프로그램

1) 모악제일경로대학

솔직히 자원도 없고, 예산도 없고, 장소도 없었다. 그러나 하나님이 주신 뜨거운 열정과 사명을 가지고 경로대학을 위해 기도했다. 먼저 교인들에게 경로대학의 필요성을 알게 하고, 경로대학을 통해 지역 어르신들의 필요를 채워 주며 그들의 영혼을 구원하고자 하는 메시지를 선포했다. 가르칠 교사를 영입하기 위해 매주 토요일 대학생들과 직장인들에게 섬김과 봉사를 홍보하기도 했다. 당시에 했던 노력들은 다음과 같다.

첫 번째, 노인대학을 운영하는 현장을 직접 탐방했다.

두 번째, 총회에서 매년 2회(여름, 겨울) 시행하는 노인대학 세미나에 참석하여 노인대학 운영자들과 대화를 나누었고, 교육을 통하여 노인대학 개설에 필요한 절차와 과정을 익혔다. 이 과정을 통해 점차 우리 교회도 할 수 있다는 확신을 얻게 되었다.

세 번째, 재정 마련을 위해 전 교인이 참여했다. 아이들은 1구좌에 1,000원, 장년은 1구좌에 10,000원으로 하여 후원 회원을 모집하고, 식사 대접에 필요한 식재료는 쌀만 사고 나머지 반찬거리는 직접 유기농으로 농사를 지었다.

네 번째, 각 마을 어귀에 경로 대학생을 모집하는 현수막을 걸어 홍보하고, 구이면 이장협의회에 참석해 마을 이장들에게 학생 모집 협조를 구하고, 각 마을에 있는 마을회관과 경로당을 방문했다. 그 결과 마을과 이장과의 협조가 잘 이루어져 이장들이 직접 트럭으로 학생들을 운송하기도 했다.

다섯 번째, 경로대학 운영위원은 면내 기관장(면장, 조합장, 중학교장)으로 하여 지속적인 관심을 가질 수 있게 했고, 행정적 협조가 용이한 환경을 만들었다.

처음에는 경로대학 개설을 위한 준비를 어느 하나 제대로 갖추지 못했다. 우려하고 걱정하는 시선도 많았다. 힘들었지만 믿음과 사명으로 기도하던 중 지역 주민으로부터 부도난 화훼 비닐하우스를 기증받게 되었다. 아이들과 장년 15명을 데리고 화훼 단지 2동을 철거해 성도들과 함께 2개월을 씨름한 끝에 경로대학으로 쓸 비닐하우스 100평을 세울 수 있었다. 모악제일경로대학의 특징 중 하나는 폐자재를 재활용해 만들었다는 점이다. 식탁은 학교에서 폐품 처리하는 책상으로, 냉·난방은 시내 교회에서 버리는 폐품을 재활용하고, 식당 기구는 예수병원에서 폐품 처리하는 것을 재활용했다. 결과적으로 폐품을 재활용하여 모악제일경로대학을 새롭게 재창조한 것이다. 그래서 본인은 개강식 날 첫 인사말에서 다음과 같이 말했다. "오늘 쓸모없는 폐품으로 새롭게 재 창조된 경로대학이 첫 발을 내딛습니다. 오늘날 가정에서, 사회에서 버림을 당하고 소외당하는 우리 어르신들도 모악제일경로대학을 통해 새롭게 재창조될 수 있기를 소망합니다." 하고 인사말을 하게 되었다.

공간과 물품들이 준비되었지만 본인과 성도들은 또 다른 고민이 있었다. '어르신들은 경로대학에서 무엇을 필요로 할까?', '우리는 무엇을 도울까?' 그러던 중 찬송가는 가졌는데 글을 몰라 찬송을 부르지 않고 있는 성도를 보게 되었고, 부모 세대들의 마음에 맺힌 한을 보게 되었다.

우리 부모님 세대는 배우지도, 먹지도, 즐기지도 못한 세대들이다. 그리고 일제 치하 36년 동안 설움을 당하고 한국전쟁의 아픔을 겪은 부모님 세대는 많은 경우 학교를 다니지 못해 한글을 제대로 배우지 못했다. 그래서인지 교회가 경로대학을 개강해서 150명이 되었을 때 조사해 본 결과 초등학교 졸업생은 10명도 채 안 되었고 90%가 한글을 모르는 것으로 나타났다. 그래서 비록 전체 교인이 아이 15명, 장년 15명뿐인 교회지만, 이 일을 하나님이 주신 또 하나의 사명으로 받아들이게 되었고 이 사명에 최선을 다했다.

모악제일경로대학은 2005년 4월 2일에 처음 문을 열었다. 군수를 초청하고 도의원, 군의원, 면장을 비롯해 면내 기관장들이 대거 참석하여 구이면에 처음으로 시작하는 경로 대학생들을 격려했다. 이날 모악제일경로대학 1기생으로 45명의 어르신이 자리를 가득 채웠다. "모이자·배우자·본이 되자"는 교훈을 내걸고 어르신들의 배움의 열기가 날로 높아져 갔다. 4년 후인 2009년에는 150여 명이 넘는 어르신들이 경로대학에 모였다.

모악제일경로대학은 특별히 총회 노인대학연합회에서 농어촌 경로대학 성공 사례로 선정, 노인대학연합회가 주관하는 세미나에서 발표하기도 했다. 이유는 모악제일경로대학의 개설과 운영은 기적과도 같은 일이었기 때문이다. 교인 수는 아이들을 포함해 총 30명 남짓이었고, 당시 1년 예산액은 1,000만 원도 되지 않는 열악한 환경에서 이루어졌다. 자원도, 예산도, 장소도 없었지만, 하나님께서 주신 비전에 순종할 때 하나님께서 이루신다는 점을 다시금 깨닫는다.

경로대학에서는 어르신들이 한글을 익힐 수 있도록 한글 기초부터 시작하여 1~4급 교재를 만들었고, 산수 1~2급 교재도 만들었다. 이렇게 직접 만든 교재들은 어르신들이 한글과 산수를 익히는 데 큰 도움을 주었다. 어르신들이 2년간의 과정을 마치고 한글을 습득하게 되면 수료식을 통해 학사모와 가운을 입혀 감동적인 수료식을 하고 사진을 찍어

준다. 10년을 이수한 학생에게는 석사모와 가운을 입혀 수료도 한다. 경로대학 사각모자 사진은 영정 사진으로 사용하며 자녀들이 뿌듯하게 생각한다.

65세 할머니 한 분은 손자, 손녀 같은 아이들 속에 끼어 한자시험 7급에 도전해 우수한 성적으로 자격증을 취득하기도 했고, 마을에 사는 무속인(점쟁이) 두 분이 경로대학에 입학하여 한글과 장구를 배우며 2년 동안 경로대학을 다니던 중 남편의 손을 잡고 교회에 등록, 훗날 집사로 임명받기도 했다.

경로대학은 3월 초에 개강을 하여 6월 말에 종강을 하고, 9월 초에 개강해 11월 마지막 주에 종강을 한다. 주요 프로그램은 율동과 찬양을 통한 운동(레크리에이션), 경건회, 분반공부, 특강, 점심 식사순으로 진행이 되며, 1년에 한 차례 경로 관광(봄), 체육 대회(가을)를 진행하고 분기별로 영화 상영도 한다. 봉사자는 교회 복지 기관이 사회 복지 실습기관으로 선정되어 사회 복지, 요양 보호사 실습생, 및 중·고·대학생 봉사 실습생 등을 최대한 활용한다. 또 현재는 완주군 평생학습 지원사업에서 동아리 활동비와 강사비를 지원받아 경로대학을 운영하고 있다.

(1) 모악제일경로대학 조직도

학장, 시설장, 사무국장, 학생 관리, 교무, 재무, 영양과, 차량 관리
담당 교수 : 프로그램, 봉사자

(2) 주요 연혁

2005. 1. 모악제일교회에서 교회 부설 평생교육원으로 모악제일경로대학을 설립하기로 결의

2005. 4. 모악제일경로대학 신입생 43명으로 1학기 개강
2005. 10. 가을 소풍(동학혁명관, 드라마 촬영지, 새만금 간척지) 69명 참석
2006. 3. 신입생 17명, 재학생 43명 총 60명으로 3학기 개강
2006. 5. 구이면 어르신 초청 큰 잔치 320명 참석
2006. 11. 가을 소풍(지리산 노고단, 남원 광한루) 73명
2007. 2. 제1회 모악제일경로대학 수료식 및 평생대학원 입학(42명)
2007. 3. 신입생 32명, 평생대학원생 40명 총 72명으로 5학기 개강
2007. 10. 완주군 노인의 날 행사 참가(신바람 댄스)
2007. 11. 지역 어르신과 함께하는 가을 소풍(고창 국화축제) 92명 참석
2007. 12. 모악제일경로대학이 노인 여가 복지 시설로 허가–완주군청
2008. 3. 신입생 42명, 평생대학원생 40명 총 84명으로 7학기 개강
2008. 5. 구이면 어르신 초청 효도 잔치 250명 참석
2008. 11. 가을 소풍(전남 함평 국화축제) 92명 참석
2009. 3. 신입생 43명, 평생대학원생 40명 총 84명으로 7학기 개강
2009. 5. 구이면 어르신 초청 효도 잔치 250명 참석
2009. 11. 가을 소풍(전남 마산 가고파 국화축제) 170명 참석
2010. 4. 구이면 어르신 봄나들이(대전 플라워랜드) 168명 참석
2010. 5. 어르신 효도 큰잔치(부산 하야로비 현대 무용단 초청 공연)
2010. 12. 모악제일경로대학 문집 「모악의 꿈」 창간호 발행

2011. 3. 1학기 개강식(130명)
2011. 4. 봄 소풍(진안 마이산 용담 댐)
2011. 6. 1학기 종강식
2011. 9. 2학기 개강식
2011. 12. 2학기 종강 및 수료식(12명) 작품 전시
2012. 3. 1학기 개강식(115명)
2012. 4. 봄 소풍(안면도 튤립축제)
2012. 6. 1학기 종강식
2012. 9. 2학기 개강식(모악제일경로대학 난타 공연)
2012. 10. 구이면 어르신 초청 한마당 축제 체육대회(구이중 운동장)
2012. 12. 2학기 종강 및 반별 발표회
2013. 3. 1학기 개강식(107명)
2013. 4. 봄 소풍(전주동물원)
2013. 6. 1학기 종강식
2013. 9. 2학기 개강식(우수자 표창)
2013. 12. 2학기 종강 및 수료식(14명), 작품 전시
2014. 3. 1학기 개강식
2014. 5. 구이면 어르신 초청 잔치(150명)
2014. 6. 1학기 종강식(87명)
2014. 9. 2학기 개강식
2014. 10. 가을 소풍(함평 국화축제)
2014. 11. 2학기 종강식(발표회 및 작품 전시)
2015. 3. 개강식(모악 엘피스 지역아동센터 난타 공연 및 율동반

공연)
2015. 4.　봄 소품(지리산, 남원 광한루)
2015. 6.　1학기 종강식(모악제일경로대학 난타 공연)
2015. 9.　2학기 개강식(우수자 표창)
2015. 12.　2학기 종강식 및 도자기 전시
2016. 3.　개강식(청명초등학교 공연 팀 초청)
2016. 4.　봄 소풍(태안 꽃박람회)
2016. 6.　1학기 종강식(우수자 표창)
2016. 9.　2학기 개강식(워십 선교단 초청 공연)
2016. 10.　체육대회 및 시상
2016. 12.　종강 및 수료식(학사 : 7명, 석사〈10년차〉 : 7명) 및 작품 전시

(3) 모악제일경로대학 2016년도 강의 계획서

2016. 3. 12.　개강식
2016. 3. 19.　웃음 치료
2016. 3. 26.　미술 치료(손수건 꾸미기)
2016. 4. 2.　모악산 환경 정리
2016. 4. 9.　강사 초청
2016. 4. 16.　미술 치료(만다라 그리기)
2016. 4. 23.　봄 소풍(태안 꽃박람회)
2016. 4. 30.　청명초등학교 초청
2016. 5. 7.　풍선 공예
2016. 5. 14.　석가탄신일

2016. 5. 21. 레크리에이션
2016. 5. 28. 체육 대회
2016. 6. 4. 분반별 공연, 전시 준비
2016. 6. 11. 종강식
2016. 9. 10. 개강식
2016. 9. 17. 추석
2016. 9. 24. 치매 예방 레크리에이션
2016. 10. 1. 미술 치료(만다라 그리기)
2016. 10. 8. 강사 초청
2016. 10. 15. 유서 쓰기
2016. 10. 22. 레크리에이션
2016. 10. 29. 웃음 치료
2016. 11. 5. 가을 운동회
2016. 11. 12. 영화 시청
2016. 11. 19. 미술 치료(나뭇잎 공예)
2016. 11. 26. 분반별 공연, 전시 준비
2016. 12. 3. 종강식

(4) 모악제일경로대학 시간표

시 간	순 서		비 고
09 : 00~10 : 00	1부	아침 댄스	찬양 및 유행가를 통한 율동
10 : 00~10 : 10		경건회	담임목사
10 : 10~11 : 10	2부	분반공부	도자기, 난타, 한글, 노래, 성경, 바둑
11 : 10~12 : 00	3부	강의 및 프로그램	매주 다른 프로그램
12 : 00~		점심 식사	

2) 구이노인복지센터

2005년 경로대학 개설 후 어르신들을 섬기고 봉사하는 사역이 주민들에 의해 완주군청 사회복지과(주민생활지원과)에 전해지게 되어 완주군청에서 관심을 가지고 방문하기도 했다. 그때 본인이 완주군청 사회복지과를 방문하여 어르신들을 섬길 수 있는 사업을 요청하자 담당 공무원은 재가 복지(가정 파견 센터)를 추천해 주었다. 그러나 재가 복지를 하기 위해선 법인이 필요했다. 그래서 총회복지재단 홈페이지에 들어가 필요한 서류를 확인하고 부랴부랴 준비해 총회복지재단을 방문했다. 그러나 재단이 제시하는 10가지 조건 가운데 한 가지도 충족시키지 못함을 알게 되었다. 좌절되는 순간이었으나 지역 주민들을 사랑하고 섬기고자 하는 열정으로 사무국장에게 간청하자 이사장에게 전달되어 미비된 서류는 차후에 완비하는 것으로 약속을 하고 겨우 승인을 받을 수 있었다. 어렵게 마련한 법인 서류를 가지고 군청에 재가 복지 사업을 신청했고, 그동안 경로대학을 잘 섬긴 실적이 높은 점수를 받아 사업자로 선정되었다. 2007년 총회복지재단 법인 설립 허가를 받아 모악제일교회 부속 구이노인복지가 설립되게 되었고 오늘에 이르러서는 30명의 동역자들과 함께 면민들을 섬기고 있다.

(1) 구이노인복지 센터 조직도

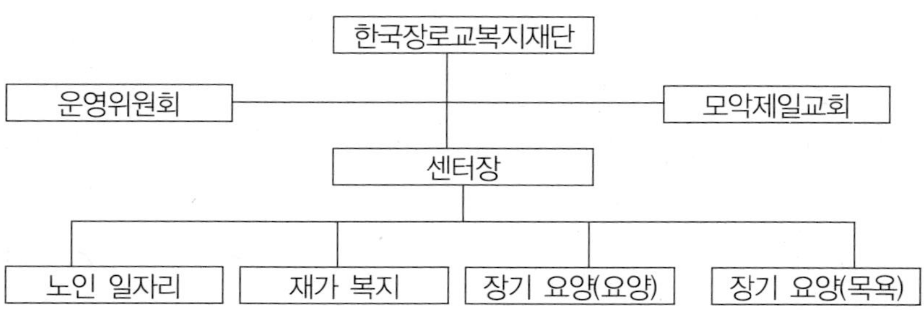

(2) 구이노인복지 센터 주요 연혁

2007. 4. 로뎀가정봉사원파견센터 설치 신고
2007. 7. 복권기금가사간병사업 시행
2007. 9. 구이노인복지센터 명칭 변경
2007. 11. KRA 농촌희망재단 차량 지원 선정
2008. 1. ㈜대한생명보험사랑모아봉사단 기금, 인력 지원 협약 체결
2008. 3. 노인 일자리 사업(복지형) 10명 시행(3-9월)
2008. 6. 장기 요양 기관 지정-방문 요양
2008. 7. 가사 간병 바우처 사업 시행
장기 요양 기관 지정-방문 목욕
2008. 12. 사랑의 김장 나눔 50가정
2009. 4. 자원봉사 활동 인증 센터 지정
2009. 6. 완주군 장애인 복지관 거점화 사업 협약 체결
2009. 10. 구이면 어르신 170명 가을 나들이(경남 돋섬)
2009. 11. KRA 농촌희망재단 제주도 관광 지원
2010. 1. 1월 노인 돌봄 종합 서비스 제공 기관 지정
2010. 3. 3월 노인 일자리 사업(복지형) 20명 시행
2010. 5. 5월 복권기금 문화 나눔 사업 선정
2011. 4. 완주 지역 재가노인복지센터 연합 나들이
2011. 6. 한국마사회 지원 사업 선정
소외 계층 평생 교육 지원 사업 선정
2011. 11. 완주군 평생 학습 공모 사업 선정
2012. 1. 사회복지공동모금회 공모 사업 선정
2012. 2. 완주군 소외 계층 평생 교육 사업 지원

2012. 11. 한국한우협회 후원 400명 국밥 나눔 행사
2013. 1. 완주군 무료 급식 사업소 운영
2013. 2. 사회복지공동모금회 행복 징검다리 선정
한국사회복지협의회 취약 계층 물품 지원
2014. 1. 안정현 센터장 취임
한국에너지재단 등유 지원
2014. 3. 구이면 어르신 대중탕 사업 진행
2015. 4. 장기 요양 기관평가 최우수기관 선정
2015. 12. 사랑의 김장 나눔 40가정 지원
2016. 1. 설 명절 선물(굴비 set) 80가정 전달

(3) 구이노인복지센터 주요 사업 내용

① 재가 노인 지원 서비스

경제적, 정신적, 신체적인 이유로 독립적인 일상생활을 영위하기 어려운 노인과 복지 사각지대 노인들에게 일상생활 지원을 비롯한 각종 필요 서비스를 함으로써 건강한 생활을 영위하게 하는 데 목적이 있다.

② 노인 일자리

일할 수 있는 65세 이상 노인에게 맞춤형 일자리 제공으로 노인 소득 창출 및 사회 참여 기회를 제공함으로써 건강 증진과 노인 문제 예방에 기여하고 사회적 비용을 절감시킬 수 있다.

③ 노인 돌봄 종합 서비스

혼자 힘으로 일상생활을 영위하기 어려운 노인에게 가사 및 활동 지원과 안정된 노후생활 보장 및 가족의 사회, 경제적 활동 기반 조성을 목적으로 한다.

④ 노인 장기 요양 서비스

노인 장기 요양 보호법에 따른 장기 요양 인정 신청을 하여, 국민건강보험공단으로부터 장기 요양 등급 1~3등급을 받으신 모든 분을 대상으로 서비스를 제공한다.

⑤ 장애인 목욕 지원 사업

혼자 힘으로 일상생활을 영위하기 어려운 노인 혹은 장애인에게 활동 지원과 안정된 노후생활 보장 및 가족의 사회, 경제적 활동 기반 조성을 목적으로 한다.

⑥ 반찬 서비스(주 1회 매주 수요일)

지역 사회 내의 고령, 질병 등으로 가사 수행 능력이 결여되어 균형 있는 식생활이 어려운 무의탁 노인, 저소득 장애인 세대 등에 정기적(매주 수요일 1회)으로 반찬을 제공함으로써 대상자들의 영양 관리와 양질의 식생활을 돕고 간접적으로 생계비를 지원하는 효과를 거두며, 지역 주민에게 함께하는 지역공동체 의식을 함양한다.

⑦ 무료 급식(주 2회 수요일, 토요일)

가정 형편이 어렵거나 기타 부득이한 사정으로 식사를 거르는 노인들에게 무료 식사를 제공함으로써 노인 건강 증진에 기여하고 노인을 공경하는 사회 분위기를 조성하는 데 목적이 있다.

(4) 구이노인복지센터 예산안

2016년 예·결산 내용 단위(천 원)

구분	세 입					세 출					
	계	보조금	사업수입	후원금	기 타	계	사무비		재산조성비	사업비	기 타
		군 비					인건비	운영비		무 료	
예산	416,282	29,000	372,800	1,100	13,382	416,282	355,000	35,060	1,500	7,900	16,822
결산	415,261	29,000	371,746	1,020	13,495	415,261	352,976	30,158	1,136	7,058	23,930
증감	-1,021	0	-54	-80	113	-1,021	-2,024	-4,902	-364	-842	7,108

3) 모악엘피스 지역아동센터

2005년 2월 영재사관학교 방과 후 교실로 시작하여 2017년 지금에까지 이르렀다. 처음은 구이면 내 아이들을 대상으로 매일 등교를 교회 차량으로 운행해 주는 것으로 시작했다. 7년 동안 아이들을 섬기고 봉사하다 보니 2~3개 마을 아이들이 100% 복음화가 이루어져 교회에 나오게 되었다. 아이들의 필요를 위해 방과 후 공부방을 개설하고, 집사 2명에게 사회 복지를 공부하게 하여 교사로 채용하고, 군청에 신고하여 2005년 완주군청으로부터 지역아동센터로 설립 허가를 받게 되었다. 현재 정원 19명으로 운영하고 있으나 학교 교사들이 추천하여 5명의 대기자가 있다. 눈에 보이는 것, 그 일을 위해 예수님의 마음을 품고 최선을 다해 섬기다 보니 자연스럽게 지역의 다음 세대를 품고 교육하는 선교적인 아동센터로 자리 잡게 되었다.

(1) 모악엘피스 지역아동센터 주요 사업 내용

① 보호 프로그램

각종 안전교육 및 보호자 교육을 통하여 아동들이 안전한 곳에서 건강한 생활을 할 수 있도록 지원한다.

② 정서 지원 프로그램

아동 및 가족에 대한 상담, 가족 지원을 통해 아동의 심리적 안정과 가족의 기능을 확대한다.

③ 문화 프로그램

아동의 각종 캠프나 영화관람 등 참여 활동을 통해 아동의 정서적 성장 촉진을 도모한다.

④ 교육 프로그램

아동의 학습, 특기 적성, 성장과 권리 등의 다양한 맞춤형 교육 활동을 지원한다.

⑤ 지역 사회 연계

지역 네트워크를 통해(홍보 및 연계) 아동에게 필요한 서비스를 제공한다.

(2) 모악엘피스 지역아동센터 주요 연혁

2005. 2. 영재사관학교 방과 후 교실 시작
정천주 센터장 취임

2005. 10. 완주군 지역아동센터로 지정

2008. 1. 완주군 아동 복지 교사 지원 사업 선정

2009. 1. 정양순 센터장 취임

2010. 3. 양문섭 센터장 취임

2011. 1. 김란희 센터장 취임

2013. 4. 모악엘피스 지역아동센터 신축 개관식

2014. 12. 공동모금회 차량 지원 선정(스타렉스 12인승)

2016. 11. 전북 사랑의 수화경연대회 입상

(3) 모악엘피스 지역아동센터 조직도

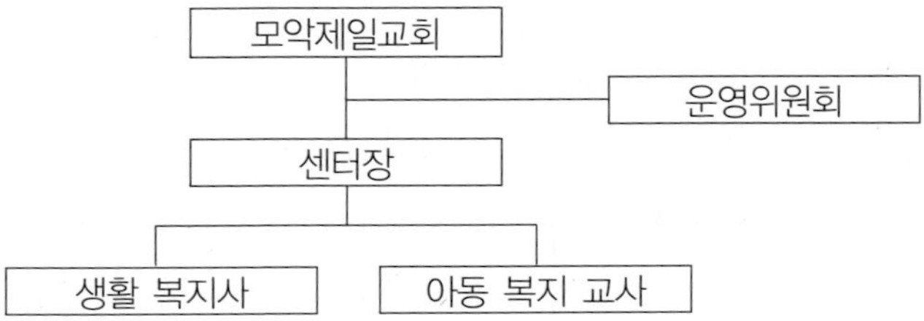

(4) 모악엘피스 지역아동센터 예산안

2015년 예 · 결산 내용 단위(천 원)

구분	세입				세출				
	계	보조금	후원금	기 타	계	사무비		사 업	기 타
		군 비				인건비	운영비		
예 산	84,000	81,252	1,248	1,500	84,000	28,800	8,120	41,780	5,300
결 산	81,480	77,280	1,200	3,000	81,480	31,200	8,036	35,940	6,304
증 감	−2,520	−3,972	−48	1,500	−2,520	−2,400	−84	−5,840	1,004

나가는 말

21년 전 모악제일교회를 개척하고 '하나님 사랑, 이웃 사랑'의 실천으로 '눈에 보이는 것, 발에 채는 것'을 사명으로 알고 순종하다 보니 복지목회를 이룰 수 있었다. 성도들의 영혼 구원 이전에 성도들의 일자리 창출을 위해 기도했는데, 복지목회가 성도들의 일자리 문제를 해결하게 되었다. 20~30대 성도들은 사회 복지를 공부하게 하고, 40~50대

성도들에게는 요양사 교육을 통해 자격증을 취득하게 해서 복지 법인에서 직원으로 채용하고 있다. 노인 일자리 역시 경로대학을 통해 20여 개가 만들어졌다. 작은 농촌교회이지만 사회 복지사 5명, 요양사 25명, 노인 일자리 20명, 총 50개의 일자리를 창출하게 되었고 복지목회의 성공으로 농촌교회임에도 개척 후 10년이 되었을 때 교회 자립을 선포하게 되었다.

지금의 복지목회를 이루게 된 것은 모두 하나님의 은혜와 또 목회자의 비전에 온 교회가 순종하며 연합한 결과라고 생각한다. 복지목회를 해 오며 하나님의 말씀 안에서 확고한 목회 철학을 가지고 복음서에 나타난 예수님처럼 목회를 하다 보면 하나하나 하나님께서 눈을 열어 지금 해야 할 일들을 보게 하시고, 길을 열어 주심을 체험을 통해 확신한다. 눈에 보이는 노인들을 섬기고 그들의 필요를 찾아 노인대학을 열었더니 그로 인해 복지센터가 설립이 되게 하셨고, 눈에 보이는 아이들을 아침마다 섬기고 봉사하다 보니 아동센터를 하나님께서 세워 주셨다. 하나님께서 주시는 비전에 언제나 "Yes"로 응답한 결과 지금의 복지목회를 이루게 하셨다.

100세 시대를 향해 가며 초고령사회가 이루지고 있는 이 시대 속에서 복지 사역은 교회의 필수적인 요소라고 생각한다. 단, 하나님을 사랑하고 성령의 공급하심과 인도하심에 순종하는 마음으로 이 사역을 해야 한다. 이미 20년 전 모악제일교회가 복지 사역을 시작했을 때와는 또 다른 목회 철학과 사역의 방법들이 필요할지 모른다. 하지만 분명한 것은 마태복음 22 : 37~39 "네 마음을 다하고 목숨을 다하고 뜻을 다하여 주 너의 하나님을 사랑하고 네 이웃을 네 자신같이 사랑하라" 하신 하나님의 명령이다. 지금 교회 속에 부어 주시는 사명을 순종으로 감당하는

것이 복지목회뿐 아니라 다른 모든 목회 방향의 시발점이 될 것이다.

모악제일교회 복지 목회를 향한 비전은 아래와 같다.

- 그리스도의 사랑을 실천하는 복지

우리의 이웃들이 예수 그리스도께서 이 땅에서 보여 주신 사랑과 봉사, 섬김과 나눔의 정신을 품게 하고 적극적으로 실천하는 복지

- 지역 사회를 섬기는 복지

우리의 이웃들의 복지 욕구를 파악하여 지역 사회의 인적, 물적 자원과 연결하며 적합한 복지 프로그램을 통하여 지역 사회의 삶의 질을 향상시키는 복지

- 전문 복지 서비스를 제공하는 복지

우리의 이웃들의 세분화된 욕구에 부응하기 위해 각 분야의 전문성을 개발하고 양질의 사회 복지 서비스를 제공하는 복지

- 교회 사회봉사를 선도하는 복지

한국교회가 이웃을 품고 사회봉사를 실천할 수 있도록 도우며 격려하는 복지

지금 모악제일교회는 100세 시대를 통해 시대의 부르심에 응답하기 위해 2017년 비전 가운데 종합복지센터를 기도하고 있다(장애 복지, 주야간 보호 센터, 요양원, 호스피스센터와 평생교육원). 무덤까지 배우고 봉사하고 섬기는 사역의 비전으로 지역 주민 6천여 명을 품고, 하나님께서 모악제일교회에 주신 특별한 사명과 주민들의 필요를 위해 오늘도 계속해서 발전하고자 하나님께서 부어 주시는 능력과 비전에 따라 움직이고 있다.

모악제일교회 성도들은 말한다. "오늘 그리스도인의 죄가 무엇인가? 그것은 바로 하나님을 섬김에 있어 부족한 것이다. 다시 말하면 하나님을 사랑하되 최선을 다해 최고의 것으로 섬기고, 이웃을 사랑하되 최선을 다해, 최고의 것으로 섬기지 못한 것이다."

오늘도 아동센터, 노인대학, 노인 복지를 통해 일주일 내내 교회가 북적거리고 있다. 마을 주민들은 말한다. 모악제일교회는 일주일 내내 살아 움직인다고. 주님 오시는 그날까지 살아 숨 쉬는 교회, 움직이는 교회, 지역 주민들에게 필요를 채워 주는 교회, 섬기고 봉사하는 교회, 부르심에 응답하는 교회가 되기 위해 하나님과 지역 주민들에게 오늘도 귀를 기울이고 있다.

모악제일교회 안양욱 목사
전북 완주군 구이면 하학길 37-5
063-222-5675

농촌목회의 대안
-지역사회 토탈케어서비스

| 원등교회 양희두 목사 |

들어가는 말

'이웃 사랑'은 교회의 지상 과제다. 그것은 남에 대한 관심, 사회 복지와 봉사, 그리고 나눔의 이야기이다. 교회의 이러한 본질적 과제가 실제로는 교회의 부차적이고 주변적인 것으로 여겨지고 있는 것 또한 사실이다. 물론 교회와 크리스천의 삶은 '선교'의 지상 과제를 위해 존재하고 있다. 다만 잊지 말아야 할 것은 크리스천의 사회 봉사가 교회와 복음의 주변적인 일이 아니라 곧 교회의 본질적 과제요, 책임이라는 사실이다. 인간 세계, 사막 속에서의 한 잔의 물은 구속의 기도 못지않게 복음의 본질적 요소임을 우리는 믿는다(마 25장). 그러므로 교회와 사회 복지는 동전의 양면과 같다. 지역 사회의 복지와 이웃사랑에 관심갖지 않는 교회의 존재는 지역 주민들과 무관하고 그들에게 의미가 없다. 교회는 단지 어느 곳에 위치한 '지교회'(local church)로서가 아니라 '지역 사회 교회'(community church)의 의식과 역할이 요구된다. 교회는 교회 그 자체만을 위해서 존재하는 것이 아니라 그 지역 사회를 위한 봉사자가 될 때 존재 가치를 지닐 수 있다.

교회가 해야 할 사명은 첫째는 하나님의 나라를 실현하기 위해 말씀을 선포하는 케리그마(Kerygma)이며, 둘째는 성령의 역사를 통해서 희망과 사랑, 믿음을 통한 교인들의 친교를 맺어 주는 코이노니아(Koinonia)이고, 세 번째는 교회 밖의 불우한 이웃을 위해 한 몸 한 형제 됨의 마음으로 봉사하는 디아코니아(Diakonia)이다. 교회의 선교 대상은 세상이며 이 세상에는 건강한 사람과 병든 사람, 젊은 사람과 늙은 사람, 행복한 사람과 상처 입은 사람들이 공존하고 있다. 교회는 그리스도의 몸으로서 이와 같은 여러 형태의 인간들에게 화해의 복음을 전파함으로써 이 세상이 밝은 세상이 되도록 하기 위한 것에 궁극적 목적이 있으며, 하나님의 은혜로 말미암아 모든 인간이 그 관계의 은혜 속에서 서로 친교하는 축복을 누리게 되는 곳이다. 사람들은 그 속에서 기쁜 일이나 슬픈 일을 함께 나누면서 하나님을 찬양하고 서로가 서로에게 위로를 주며 또 위로를 받는다. "내가 너희를 사랑한 것같이 너희도 서로 사랑하라."고 하신 은혜 속에서 형제애를 나누는 것이다.

하나님은 세상을 새롭게 하고 구원하기 위해 교회를 세우시고 우리를 부르셨다. 하나님의 구원의 경륜은 개인의 구원뿐 아니라 그들이 존재 기반으로 삼고 있는 사회적, 정신적, 육체적, 심리적, 생태학적 면 등 실로 인간 세계 모든 영역에 연관된다. 예수께서는 당신 주위의 사람이 처한 어려운 상황을 보시고 그 필요를 채워 주시고 치유하셨으며, "인자가 온 것은 섬김을 받으려 함이 아니라 도리어 섬기려 하고 자기 목숨을 많은 사람의 대속물로 주려 함이니라"(마 20 : 28)고 하시면서 제자들에게 새로운 의미의 봉사적인 생활의 모범을 보여 주셨다. 또 유월절 성만찬 때 제자들의 발을 몸소 씻어 주심(요 13 : 5)으로 그리스도와 제자의 관계를 이루셨다. 따라서 기독교인의 이웃에 대한 봉사는 하나님의 뜻이 하늘에서 이루어진 것같이 땅에서도 이루어지기를 소망하며 힘쓰는 노력이며, 궁극적으로 하나님의 영광을 세상에 나타내기 위한 실천적 모습이다. 이러한 봉사의 모습을 우리는 예수님의 생애에서, 그리고 그 모범을 따라 행했던 초대교회 성도들의 생활에서 보았다. 세상을 돕고 섬기는 사회 복지 사업은 초대교회로부터 지금까지 이어져 오고 있다. 다만 변한 것이 있다면, 사회 복지 대상의 범위가 확장된 것과 그들에 대한 도움의 접근 방법이 비전문적 방법에서 전문적 차원으로 발전되었다는 것이다. 달라진 선교 지형 속에서 지역교회가 어떻게 하나님의 선교를 감당하며 동시대성의 옷을 입을 수 있을 것인가를 고민하는 목회자들과 성도들에게 이 짧은 글이 조금이나마 도움이 되기를 소망한다.

1. 교회 현황과 지역 사회의 현황에 대하여

도시에서만 생활하다가 처음으로 산간 농촌 지역인 원등교회로 26년 전 1991년 1월에 부임(35세)했다. 이곳은 전형적인 빈농의 현장으로 젊은이는 적고 돌봐 드려야 할 노인들이 많은 교회였다. 또한 지역 사회에서는 교회에 대한 인식이 부정적이었다. 내부, 외부적으로 여러 가지 문제가 노출되어 있음을 보면서, 우선은 목회를 하면서 지역 사회에 좋은 영향을 미치는 교회가 되어 지역 사회로부터 인정받는 교회가 되어야겠다는 생각을 하게 되었다. 이에 대한 대안으로, 첫째는 믿지 않는 지역 주민들과 자연스럽게 만날 수 있는 장을 마련하는 방법이 무엇인가를 찾는 것이었다. 둘째는 혼자 사시는 어르신들의 애로 사항을 보면서 도울 수 있는 방안을 찾는 것이었다. 셋째는 농사일이 바빠서 방과 후가 되면 방치되어 있는 아동들을 보호하고 기초 학습을 돕는 것이었다.

이러한 문제 인식에 대한 대안을 세우면서 성도들의 양적, 질적인 향상을 위해 구체적으로 어떤 일을 실행할 것인가를 고민하며 기도하였다. 일단은 노인들이 많으니까 독거노인 돌보는 일과 효도 관광, 경로당을 방문하여 과일과 차를 선물하며 인사하기 등 교인이 아닌 분들과 관계를 형성하는 통로를 만들기 위한 계획을 세웠다. 또한 아동들을 위해서 방과 후 아동들을 교회에 모아서 기초 학습과 피아노 등을 가르치게 되었다. 고등학생과 대학생에게는 향학열을 높이기 위해서 1년에 두 차례씩 장학금을 지급했다. 이렇게 현실적인 도움이 되어 주자, 교인들이나 지역 주민들의 교회에 대한 부정적인 인식이 조금씩 긍정적인 인식으로 바뀌는 목소리를 들을 수 있었다. 일단은 그것만으로도 큰 효과라고 생각하면서, 섬기는 일에 더욱 힘써야 하는 것이 농촌목회의 방향이라고 설정하게 되었다. 석 · 박사 논문도 농촌교회의 효를 통한 선교 방안에 대하여 연구하면서 전인 구원에 대한 대안으로 사회 복지를 생각하게 되었다.

복지 일을 전문적으로 하려고 정보를 알아보니, 사회 복지 법인이 되어야만 국가에서 시행하는 사업 지원 대상의 일 순위가 된다는데 농촌교회의 열악한 형편으로서는 엄두가 나질 않았다. 그래서 법인의 꿈은 일단 접고, 우리 형편에 맞는 작은 일부터 시작해야겠다고 계획하였다. 기존에 교육관으로 사용하던 낡은 구 교회를 헐고 40평의 복지관을 지었다. 물론 모든 건축 비용 중 자재비만 부담하고 나머지는 교인들이 직접 몸으로 봉사하여 지었다. 건물이 완성되자 지역 주민을 위한 봉사 차원에서 무료 경로 식당과 주민 정보 이용실을 운영하였다. 이렇게 일을 하다 보니 군청으로부터 작은 복지 일들을 정식으로 위탁받게 되어 더 많은 사람들에게 혜택을 줄 수 있게 되었다. 또 공부방 장소가 협소하여 교육관 2층에 30평을 증축하고 아동들만의 공간으로 사용할 수 있게 하였다. 물론 건축 자금을 모으는 데도 어려움들이 있었지만, 하나님의 도우심으로 하나씩 만들어져 갔다.

농촌의 실정을 보면 노인 복지와 아동 복지는 필연적으로 맞물려 있다. 수익을 창출할 수 있는 중간 세대는 이농 현상으로 인해 별로 없고, 남은 세대에는 자신이 살던 고향에서 묻히고 싶어 떠나지 않는 노인과 이혼한 가정의 아이들이 조부모에게 돌아와서 살고 있는 실정이었다. 이런 아픈 현실의 농촌에서 목회하는 자로서 그들의 영혼을 구원할 뿐만 아니라 이 세상에서 사는 동안 행복한 삶을 누릴 수 있는 터전과 기회(의식주, 교육, 문화, 건강의 문제 해결)를 마련해 주는 것이 목회자가 앞장서서 해야 할 사역이라고 생각하고 난관 속에서도 계속해서 추진하게 되었다.

우선은 대인 구원과 축복에만 치중해 있는 교인들의 사고를 바꾸는 것이 급선무였다. 복지 선교 사역은 교인들의 협조 없이는 할 수 없는 일이기 때문에 봉사하면서 시험에 들지 않게 하려면 복지에 대한 이해를 하기 위한 교육이 필요했다. 설교를 통해서나 교육을 통해서 복지가 하나님이 원하시는 사역임을 역설했으며, 구원받은 자의 사명은 이웃을 돌아보며 함께 행복한 세상을 만드는 일임을 교육했고, 복지를 통해 약한 자를 도움으로 나눔의 기쁨을 누리는 가운데 공동체의 구원을 이루는 것이라는 인식을 갖도록 도왔다. 교인들의 사고를 바꾸는 데는 오랜 시간이 걸렸다. 하지만 복지 선교 후 복지 선교의 목표가 구체적으로 조금씩 달성되어 가면서 성과가 나타나기 시작했다. 처음 시작할 때는 교인 수가 50여 명이었는데 현재는 100여 명에 이른다. 시골 교회에서는 세상을 떠나는 어르신의 수가 더 많아서 현상 유지가 힘든 상황인데도 교인 수가 줄지 않고 있다. 그리고 복지 사업을 통해 교인들에게 직접적인 일자리를 만들어 줌으로써 경제적 수입을 늘릴 수 있게 되었다. 자원봉사자들을 교회에서 확보함으로써 비기독교인들과도 자연스런 만남이 이루어지고, 서로의 관계를 통해 복음을 전할 기회가 주어지고 있다. 그리고 혜택을 받는 당사자들이 경제적, 심리적, 신체적, 영적인 모든 면에서 여러 가지 혜택을 받음으로 예전보다 훨씬 안정적인 삶을 살고 있고, 기존 교인들도 봉사하면서 하나님의 사랑을 실천하며 행복해 하고 있다.

2. 노인목회를 시작하게 된 동기 및 배경

1927년에 설립된 원등교회는 90년이 넘는 역사가 있는 교회였으나 부임 당시 40여 명의 교인만이 남아 예배를 드리고 있었다. 우리 교회가 위치한 삼기면은 200여 가구 500여 명의 주민이 거주하는 지역으로 전형적인 빈농 지역이다. 마을에는 주로 노인과 결손 가정의 아이들이 남겨져 있었다. 마을의 사정이 이렇다 보니 목회자들도 이 교회에 부임

했다가 2~3년 후에 도시교회로 떠나 버렸다. 장기 목회는 불가능해 보였다.

하지만 교회의 존재 목적은 전인 구원에 있으며, 교회는 구원 사역을 위해 사람들에게 하나님의 말씀을 교육하고 실천함으로써 인간이 행복한 삶을 살게 하는 곳이라 생각한다. 때문에 복지 선교가 이러한 교회의 존재 목적에 부합한 방법이라고 확신하였다. 비록 농촌의 교회가 인력, 재력 등 모든 부분에 부족하지만 농촌교회의 남은 자가 할 일은 일상생활을 하는 데 있어서 불편한 어르신들을 돕기 위한 손발이 되어 드리는 것이라고 생각했다.

도시에서 부모가 이혼하고 결손 가정이 되어 시골로 들어오는 아동들에게는 부모의 역할을 대신해 줌으로써, 가까이 있는 노약자들에게는 하나님의 사랑을 구체적으로 실천함으로써 이 땅에 하나님 나라를 세우는 것에 복지 선교의 목적을 세웠다. 처음에는 교회 자체 내에서 교회 내의 홀로 사시는 어르신들의 일상생활을 돕는 일부터 시작해서 문화 혜택까지 누리도록 방안을 모색하였다.

거동이 불편한 독거노인 돌보기와 효도 관광을 시작하였고, 점심 한 끼라도 여럿이 모여서 따뜻한 밥을 드시게 해 드림으로써 함께 사는 즐거움을 누리게 해 드리고 싶은 마음으로 무료 경로 식당을 시작했다. 그러다 보니 멀리 계신 분들은 경로 식당에 오실 수 없는 안타까움을 보며 군청에 신청하여 노인 도시락 배달을 하게 되었고, 경로 식당을 찾아온 어르신들이 식사만 하고 그냥 가시는 것을 보며 기왕 모신 차에 심신의 건강을 위한 프로그램을 해야겠다고 생각하고 노인대학을 운영하게 되었다. 또 더 불편하신 어르신들에게 더 나은 서비스를 해 드리기

위해 주간 보호 센터를 설치하고 물리 치료, 건강 체크, 심리 치료, 재활 프로그램 등 다양한 프로그램으로 어르신들의 전인 건강을 돕고 있다.

아동들이 방과 후에 방치되어 있는 모습이 안타까워 아이들을 몇 명 유아실에 모아 놓고 공부를 가르친 것이 계기가 되어 청소년 공부방을 운영하게 되었다. 또한 정보화 시대가 열렸음에도 경제적으로 어려운 가정의 아동들이 개인적으로 컴퓨터를 구입하는 것이 어렵다는 점을 감안하여 면사무소와 협력하여 정보 이용실을 우리 복지관에 설치하여 아동들이 컴퓨터 교육과 인터넷 교육을 받도록 함으로써 문화 혜택을 누리며 시대에 뒤떨어지지 않게 되었다. 또 주민과 아동들의 지적, 정서적 발달을 돕기 위해 작은 마을문고를 설치하여 독서를 독려하고 있다. 아동 센터의 아이들은 대부분 결손 가정의 아이들인데다가 빚에 시달리는 농촌의 아동이기에 학원에 다닐 수 없는 형편이어서 조금이라도 혜택을 주고자 다양한 프로그램을 운영하며 놀이, 교육, 급식, 간식, 문화 체험들을 제공하고 있다.

3. 본 교회의 노인목회 내용 및 프로그램

연번	사업 명 (수혜자)	개시 연도	사업 내용	소요 인원	비 고
1	경로 효도 관광 (120명)	1993년 ~계속	매년 4, 5월이면 교구 내 어르신들의 신청을 받아 관광버스로 국내 관광 및 목욕을 시켜 드림. 처음엔 버스 2대였는데 지역민의 호응이 좋아서 2005년부터는 버스 4대로 관광. 2015년부터 고령화로 보행이 어려워서 참여 수가 줄어들어 버스 3대로 관광함.	30명	교회 자체 운영
2	성탄 축하 사랑 나누기	1993년 ~계속	13개 경로당 다과 및 커피 및 차 배부	당회원	교회 자체 운영
3	독거노인 돌보기 (10여 명)	1993 ~2008년 종료	중고등부, 청년부가 주말이면 거동이 불편한 어르신 댁에 찾아가 청소, 말벗 및 일상생활을 도와드림. 봉사자도 줄어들고 장기 요양 기관으로 방문 요양 사업을 하면서 마무리됨.	15명	교회 자체 운영
4	청소년 장학 사업 (10여 명)	1994년 ~계속	향학열을 높이고 경제적 도움을 주고자 고등부와 대학생 전체에게 소정의 장학금을 지급함. 청소년 수가 줄어들어 숫자가 줄어드는 상황임.		교회 자체 운영
5	무료 경로 식당 (38명)	2001. 9.~계속	처음엔 자체적으로 운영하다가 군 위탁 사업으로 지정받음. 가정 형편이 어렵거나 결식 우려가 있는 노인들에게 무료 급식을 함으로써 함께 식사도 하고, 담소도 나누며 외로움과 배고픔의 문제를 해결하고 있음. 식후 프로그램으로 요가와 민요 배우기를 함.	5명	교회 자체운영/군 위탁 운영 /강사 지원 사업

6	노인대학 (50명)	2003. 8. ~계속	경로 식당, 주야간 보호, 공동생활 어르신들의 전인 건강을 위해 요가와 스트레칭, 건강 체조, 한글반, 성경, 노래, 게임 등 다양한 활동을 하고 있음.	3명	교회 자체 운영
7	거동 불편 노인 도시락 배달 (21명)	2003. 1. ~2015. 종료	거동 불편 독거노인으로 거리가 멀어 경로 식당을 이용하지 못하는 어르신들을 대상으로 중식을 배달해 드리며 안부를 살핌. 2016년부터 배달 봉사자 인력 부족으로 할 수 없이 마무리함.	2명	군 위탁 운영
8	결식 우려 아동 도시락 배달(8명)	2004. 9.~계속	결손 가정이며, 소득이 없는 어려운 가정의 아동들에게 매일 도시락 배달을 하고 있음.	1명	군 위탁 운영
9	주민 정보 이용실 (자유 이용)	2001. 9. ~2004. 12. 종료	면사무소에 설치해야 할 정보 이용실이지만 위치 편의성을 고려해 교회 복지관에 설치하고 주민들의 컴퓨터 교육, 인터넷 교육 등 정보 이용 교육을 도움(컴퓨터 6대). 아동 센터로 흡수됨.	1명	면 위탁 운영
10	청소년공부 방 (20명)	2001. 9 ~2003. 12. 종료	농촌 아동, 청소년들의 면학분위기 조성과 사회성발달을 위해 방과 후에 학원에 가지 못하는 학생들을 위해 설치 운영함.	2명	교회자 체운영 2004년 아동센터로 사업변경
11	원등교회 문고 (자유 이용)	2004. 7. ~계속	농촌의 방치된 아동들에게 책 읽는 습관을 길러 주기 위해 문고 설치 운영함.	1명	교회 자체 운영
12	원등 지역 아동 센터 (29-19명)	2004. 10. ~계속	지역 사회의 아동 보호, 교육, 건전한 놀이와 오락 제공, 문화 체험, 급식 등 종합적인 아동복지 서비스를 제공함. 정원 29명이었으나 아동들의 수가 줄어들어 2015년부터 19명으로 변경함.	5명	군 신고 시설

13	아동 도시락 배달 (토, 일, 휴일, 방학 중) (32-28명)	2004. ~계속	결손 가정이나, 경제적 빈곤 가정의 아동들에게 도시락을 배달해 줌으로써 아동의 결식을 예방함. 아동들의 수가 줄어들어 현재는 28명 배달 중	2명	군 위탁 사업
14	노인 일자리 (6명)	2006. 3. ~계속	노인 일자리 창출 사업으로 면에서 지원하는 노인 인력을 활용하여 노인 복지와 경로식당, 아동센터에 각 2인씩 지원받아 케어에 도움을 주고 있다.	1명	면 위탁
15	노인 안부 살피기 (25명)	2006. 1. ~2012. 종료	독거노인 안부 살피는 사업으로 요구르트 배달 타 기관으로 이전	2명	군 위탁 운영
16	자원봉사 활동 (자유 신청자)	2004. 1. ~계속	중, 고, 대학생들 자원봉사 활동의 장으로서 아동 센터와 노인 복지 센터를 통해 복지의 생활화와 의무를 다하고 있음. 또한 실업 급여를 받는 고용보험 봉사활동으로 대치하기도 함.	2명	지원자 대상
17	원등 주간 보호 센터 -장기 요양 지정(주야간 보호) 변경 (15명)	2005. 1.~ 2008. 7.~	농촌의 독거노인 및 부득이한 사유로 가족의 보호를 받을 수 없는 심신이 허약한 어르신과 장애 어르신을 낮 동안 시설에 입소시켜 필요한 각종 서비스를 제공함. 이를 통해 어르신의 생활 안정과 심신기능의 유지, 향상을 도모하며 부양 가족의 신체적 정신적 부담을 경감할 수 있고, 서로 간의 친목을 다짐. * 장기 요양 보험 지정 기관 (2008. 7.-) 운영	6명	군 신고 시설
18	장기 요양 기관 공동생활 가정(정원 9명)	2010. 10. ~계속	독거노인 및 부득이한 사유로 가족의 보호를 받을 수 없는 심신이 허약한 어르신과 장애 어르신(장기 요양 등급 1-5등급)을 시설에	6명	군 신고 시설

			입소시켜 필요한 각종 서비스를 제공함. 이로 인해 어르신의 생활 안정과 심신 기능의 유지, 향상을 도모하며 부양 가족의 신체적, 정신적 부담을 경감할 수 있고, 안정된 생활과 서로 간의 친목을 다짐.		
19	장기 요양 기관 방문 요양(회원 20명-필요 수)	2008. 7. ~계속	장기 요양 보험 지정 기관으로 신고하여 운영 중	6명	군 신고 시설
20	사회 복지 현장 실습 기관	2012. 3. ~계속	교실에서만 습득한 지식, 기술, 가치를 실습 경험을 통하여 현장에서만 일어날 수 있는 이론, 방법을 확인하고 사회 복지 실천을 적용하는 학습의 기회를 가질 수 있도록 함.	2명	사회 복지사 협회

4. 노인목회의 예 · 결산(사업별로)

1) 원등노인복지시설 예 · 결산

사업명	공동생활 가정 9명 정원	주야간 보호 15명 정원(11명) 후원금 포함	방문 요양 (20명)	바우처 요양 (5명)	전체 합계
2016년 결산	136,292,120	127,952,958	154,312,072	14,594,927	433,152,077
2017년 예산	150,668,000	110,490,000	168,250,000	15,627,000	445,035,000

2) 지역아동센터 예 · 결산

사업명	지역아동센터
2016년 결산	81,024,352
2017년 예산	82,000,000

나가는 말

세상에서는 노인이나 결손 가정의 어린이들 같은 약자들, 남의 도움이 없이는 살 수 없는 사람들을 멸시한다. 그러나 '모든 인간은 하나님의 형상대로 창조되었음'을 기억한다면 교회는 모든 생명을 존엄하게 보호해야 한다. 그리스도가 세상을 위해 보내어진 것처럼 교회는 사회공동체를 향해 나아가야 한다. 그래서 교회는 욕구 및 문제가 있는 곳에 해결책을 제시해야 한다. 아동교육을 위해 학교를 세우고, 질병이 있는 곳에 병원을 세웠던 믿음의 선배들처럼 그 지역 사회의 문제에 대처하는 대안을 제시해야 한다. 그렇게 하기 위해서 지역 사회를 면밀히 조사하여 주민의 욕구를 알고 지역 사회의 실정에 맞는 프로그램으로 대처해야 한다. 또한 교회는 목회 영역을 분야별로 전문화하여 체계적이고 조직적인 봉사 활동이 되도록 해야 한다. 케리그마, 코이노니아, 그리고 디아코니아 세 가지 영역을 전문 분야별로 책임을 분담하는 것이 바람직하며, 디아코니아에 대해서도 교회의 분야별 자원을 조직하고 활용할 수 있어야 할 것이다. 그래서 교회는 교인들로 하여금 말로만 하는 고백과 헌신이 아니라 실천적 삶을 통해 그리스도의 사랑을 증거하도록 해야 한다. 디아코니아는 '선한 사마리아인'(눅 10 : 25-37)의 경지까지 들어가도록 해야 한다. 그렇게 함으로 교회는 지역 사회의 상담센터가 되고 더 나아가 지역 사회 복지관(community welfare center)이 되어야 한다. 가진 것이 없고, 힘이 없고, 병들고 배우지 못하여 자신의 소망은 절망으로 바뀌고, 거기다 억울함을 당하고 상처 입은 사람들에게 상처를 싸매 주고 억울함을 들어주며 갈라진 틈을 메워 주어 공동체의 관계를 정상화시키는 일이 교회의 사명이 되어야 한다.

인구의 고령화와 독거노인 증가의 속도가 급속한 현실에서 사회적 서비스 시스템이 절실히 요구되고 있다. 이러한 현실 속에서 교회들이 지역 사회와 함께하는 모습이 필요할 것이다. 평생을 교회에서 봉사하고 헌신했던 분들이 노년에 몸이 불편하여 사랑하는 교회를 떠나 병원이나 요양원에 몸을 의탁한다는 것은 참으로 안타까운 일이다. 젊어서는 객지에서 살다가도 노년에는 고향으로 귀향하는 추세인데 평생 몸바쳐 헌신한 교회를 떠나지 않도록 내 교회에서 내 지역 사람들에게 보호받고 서비스를 받으며 노후를 맡길 수 있다면 안심하고 신앙생활을 할 수 있을 것이다. 또한 이를 통해서 교회가 지역 사회 사람들과도 좋은 연관관계를 이루어 갈 수 있을 것이고 복음 전파에도 많은 도움이 될 것이다. 최소한 농촌의 면 소재지에 속한 교회들이 지역 어르신들의 노후를 책임져 줄 수 있도록 노인목회 방향을 국가의 사회 복지 정책과 맞물리게 하려는 노력을 적극적으로 해야 할 필요성이 있다고 본다. 교회는 세상을 위해서 존재하기에 세상의 모든 소리를 들어야 하기 때문이다. 이제 세상의 신음소리를 들을 수 있어야 한다. "교회는 지역 사회를 위해 무엇을 하고 있는가?"라고 묻는 질문에 이제 우리가 대답할 차례이다. 교회는 변화하는 세상의 물결에 휩쓸려 가는 피동적인 존재가 아니라 변화하는 사회에서 변화의 촉매제가 되어 세상을 새롭게 하는 일에 부르심을 받았다.

원등교회 양희두 목사
전남 곡성군 삼기면 원등4길 2-1
061-362-2067

순천의교회 노인목회

| 순천의교회 박만희 목사 |

들어가는 말

지금 한국교회는 위기이다. 위기 중 최고의 위기는, 이제 끝났다는 비관론이다. 사실 한국교회의 위기상황을 외치는 그 외침은 옳을지도 모른다. 그러나 닫힌 문이라도 맞는 열쇠를 찾으면 걱정할 것 없듯이, 비관론을 해결할 열쇠를 찾는다면 우리는 걱정할 것이 없다. 한숨 지을 일이 전혀 아니다.

한국교회는 다른 열쇠로 문을 열려고 한다. 다른 열쇠는 문을 열 수 없다. 오히려 자물쇠만 망가뜨릴 것이다. 잘못 건드려 망가뜨리는 것보다 아무것도 하지 말고 가만히 있는 것이 나을지도 모른다. 열쇠가 어디에 있는 어떤 것인지 차분히 찾아보는 노력이 필요하다. 그런데 닫힌 한국교회의 열쇠는 예수님이다. 닫힌 한국교회는 예수께서 하시지 않는 일이 아닌 하신 일에 집중해야 한다. 예수께서는 교회당을 한 평도 건축하지 않았다. 그런가 하면 교회의 교인 숫자를 늘리기 위하여 거창한 슬로건을 걸지도 않았다. 그리고 높은 권세에 오르기 위하여 선거운동하고 외치지도 않았다. 그러나 한국교회는 교회당 규모와 교인 숫자, 그리고 높은 자리에 혈안이 되어 있다. 그리고 이것을 이루면 성공한 교회요 목회인 줄 오해한다. 이런 것들이 한국교회의 위기를 해결할 열쇠로 속고 있는 것이다.

한국교회는 예수님으로 문을 열어야 한다. 하나님께서 예수님을 세상에 보내신 것은 세상을 사랑하셨기 때문이다(요 3 : 16). 그리고 예수님은 너희는 세상의 소금이요, 빛이라고 가르치셨다. 예수께서는 세상을 이처럼 사랑하셔서 거저 가르쳐 주셨다. 그리고 거저 먹여 주셨다. 또한 그들을 거저 치유하셨다. 그 결과로 사람들은 집으로 돌아가기를 포기하고 오히려 예수께 모여 왔다. 한국교회에 파송된 선교사들은 학교를 세워 무상교육과 무상급식을 실천하였고, 병원을 세워 무상의료를 실시하였다. 그 결과 세계가 놀랄 복음화를 이루었다. 다시 거룩한 한국교회가 되려면 주님처럼 사역해야 한다. 그것이 닫힌 한국교회의 열쇠이다.

국가 정책은 예수님의 방법에 가깝다. 세상의 지도자들도 시민의 복지를 우선할 때 그 가치가 빛나게 된다. 그러나 시민의 복지보다 자신의 욕심을 채우면 결국 비판의 대상이 된다. 그러기에 국가 정책은 철저히 시민의 복지를 우선한다. 우리나라 국가 정책은 엄청난 복지 정책에 집중되어 있다. 아동 복지, 청소년 복지, 장애인 복지, 노인 복지, 다문화 복지, 가족 복지, 학교 사회 복지, 의료 사회 복지, 지역 사회 복지,

군 사회 복지 등 다양하다. 국가의 모든 것이 복지라 해야 할 것이다. 그리고 국가 정책은 교회를 향하여 세상의 일원이 되어 달라 요청하고 있다. 이제 목회자들도 종교인 과세 정책에 의하여 세금을 내야 한다. 그렇다면 교회와 목회자들도 국가 정책을 잘 알고 거기에 맞는 사역을 연구하고 실천해야 한다. 만약 국가 정책과 다른 복지 사역을 감당하면 위법이 될 수도 있다. 우리나라는 세계적인 복지 선진국이다.

국가 정책과 함께 가는 교회가 되어야 한다. 예수께서 하시지 않던 일에 집중하던 한국교회는, 예수께서 하셨던 일에 집중하는 교회가 되어야 한다. 국가와 교회가 하나가 되어 그 사역을 감당할 때, 세상은 교회를 향하여 나오게 될 것이다. 마치 눈을 뜨게 된 맹인이 집으로 돌아가라는 주님 말씀을 어기고, 예수님보다 앞서서 가면서 이분이 나를 보게 해 주셨다고 외쳤던 것처럼 그렇게 될 것이다. 국가 정책과 함께 가는 교회가 된다면 희망이 있다.

1. 순천의교회 현황과 지역 사회의 현황에 대하여

순천은 도농 통합도시로서 전국에서도 노인 인구가 많은 지역 중 하나이다. 특히 순천의교회가 소재한 순천역 주변은, 주민들이 신도시에 거주할만한 조건만 되면 떠나는 지역이다. 여기에 소재한 순천중앙초등학교의 학생 수는 한때 3,000여 명에 이르는 대형 학교였다. 그러나 지금은 총 13개 반에 불과한 소규모 학교이고 각 반별 학생 수가 22명 정도 되는 초라한 학교이다. 이 지역에는 10여 곳의 교회가 있다. 당연히 교회 학교도 초라하다. 이 지역은 순수한 농어촌은 아니지만, 농촌이 안고 있는 아픔을 상당 부분 공유하고 있다. 매년 고등부를 졸업

하면 대부분은 순천을 떠난다. 더 어렵고 힘든 농어촌교회도 있지만, 이 지역도 만만치 않다는 것이다.

순천의교회는 순천역 주변 전도를 위해 세워진 38년 된 교회이다. 순천의교회가 창립되었을 때 교회 명칭은 순천신흥교회였지만, 본인이 부임한 이후 순천의교회로 명칭 변경을 하였다. 순천신흥교회(順天新興敎會)가 숫자를 늘려 새롭게 부흥하자는 뜻이었다면, 순천의교회(順天義敎會)는 예수께서 세상에 의를 실천하셨듯이 세상에 의를 실천하는 교회가 되자는 의도였다. 교회당 키우고, 숫자 늘리고, 높은 자리가 아닌, 세상을 사랑하신 예수님처럼 세상 사람들을 거저 가르치며 먹이고 치유하는 의로운 교회가 되자는 것이다. 순천의교회는 본인이 부임한 1998년 이후 19년 동안 한결같이 이 목적을 두고 그렇게 사역하려고 노력하였다.

2. 순천의교회가 실천하는 사역들

1998년 예수님처럼 세상을 사랑하기 위하여 좋은이웃되기운동본부를 설립하고 좋은이웃되기운동을 시작하였다. 지역 사회를 위하여 좋은이웃자원봉사대를 조직하여 우리의 도움을 필요로 하는 세상에 서비스를 제공하였다. 좋은이웃자원봉사대는 전국과 지역의 어려움을 만난 이들과 군부대 등을 방문하여 위문하고 봉사하는 단체이다. 그냥 교인으로서 봉사할 수도 있지만, 자원봉사 단체로서 등록을 하고 그 사역을 감당하고 있다.

2000년에는 담장헐기운동을 시작하여, 본 교회의 시설과 순천시의 공공 기관 및 개인 시설의 담장을 헐기 시작하였다. 순천의교회는 3개의 작은 건축물을 헐어 지역 주민을 위한 주차장으로 개방하였다.

2005년에는 노인 여가 복지 시설 순천의노인교실을 설치 신고하여 25학기째 서비스를 제공하고 있다. 이 시설을 통하여 300여 명의 어르신들에게 주 2회의 인문학 강의 및 식사와 다양한 서비스를 제공한다. 지금은 시가 운영하는 3군데의 노인 여가 복지 시설인 노인 복지관이 생겨 서비스 대상이 많이 줄었으나 한결같이 섬기고 있다. 순천의교회는 교우들보다 외부인이 많다. 교회 오라는 말이 금지어임에도 불구하고, 오랜 세월이 지나자 점점 신앙생활하는 분들이 많아지고 있다.

2006년에는 가정 폭력 관련 상담 시설인 좋은이웃가정상담소를 설치 신고하여 서비스를 제공했고, 2007년에는 지역 아동 센터인 순천행복한홈스쿨을 설치 신고하여 아동 및 청소년들의 방과 후 학습과 보호를 담당하고 급식을 제공하며 아동 복지 서비스를 제공하고 있다. 아마 이 시설이 없었으면, 교회학교는 없어졌을 수도 있었을 것이다.

2007년에는 사회 복지 법인 좋은이웃을 설립하였다. 그리고 예수께서 하셨던 그 사역을 감당하고 있다. 재단 법인인 사회 복지법인을 설립하게 된 것은, 국가의 지원을 받기 위함이 아니라 국가 정책과 함께하기 위한 결단 때문이었다. 사회 복지법인 설립 이후 10년 동안, 국가로부터 지원받은 기억이 없다. 물론 지원을 받을 수 있다면 지원받아 양질의 서비스를 제공한다면 더욱 좋을 것이다. 사회 복지법인은 사업을 중단하거나 불법 운영을 하게 되면, 그 재산은 다른 법인에게 귀속하거나 국가의 소유가 된다. 그러기에 사회 복지법인은 한 번 시작하면 중단하거나 불법 운영을 할 수 없는 사역이다. 아마 사회 복지법인을 설립하여 운영하지 않았다면, 힘들 때 사업을 중단하고 매각하여 다른 용도로 사용하였을 수도 있었을 것이다.

2008년에는 재가 노인 복지 시설인 좋은이웃노인복지센터를 설치 신고하여, 노인 장기 요양 보험법에 의하여 재가 노인 복지 서비스를 제공하였다. 재가 노인 복지 서비스는 치매, 중풍 등 노인성 질환으로 인하여 수발을 필요로 하는 어르신들의 가정을 방문하여 서비스를 제공하는 시설이다. 그리고 2009년에는 재가 노인 복지 시설 중 노인 주야간 보호 시설을 설치하고 신고하여 운영 중에 있다. 하루 중 일정한 시간 동안 어르신들을 모시고 와서 보호하며 신체 활동 지원 및 심신 기능을 유지 · 향상시켜 드리며 서비스를 제공한다. 순천의교회 교우들은 예수님처럼 사역할 수 있는 기회를 얻었고, 또한 일자리도 얻게 되었다. 그러나 이 사역은 자칫하면 클라이언트와 그의 가족들에게 파출부 취급을 받을 수 있는 위험성이 있다. 그러나 그래도 해야 한다. 지금은 자부심을 가지고 좋아하며 사역하고 있다.

2010년에는 구 예배당을 사회 복지법인 좋은이웃의 기본 재산으로 귀속하고, 1층을 노인 의료 복지 시설 좋은이웃노인요양공동생활가정을 설치 신고하여 노인 요양 서비스를 제공하기 시작하였다. 예배당 1층 교육관을 수리하여 노인 의료 복지 시설을 설치한 것이다. 그리고 그 다음 해인 2011년 전국 재가 장기 요양 기관 평가에서 우리 시설이 최우수 기관으로 선정되기도 하였다.

2013년부터 2016년까지 노인 여가 복지 시설 순천시남부종합복지관을 순천시로부터 위탁받아 운영하였다. 복지관을 세운 지 3년 만에 3,200명 이상의 어르신들에게 양질의 서비스를 제공하는 시설이 되었다. 이용하신 어르신들은 스스로 순천의교회를 홍보한다. 이 외에도 지역 주민들을 위한 작은도서관과 일거리가 없는 어르신들에게 일자리를 제공하는 노인 일자리 사업 등 다양한 사업을 실천하였다.

이렇듯 국가 정책과 함께 가는 교회가 될 때, 주님의 사역은 훨씬 가치 있는 사역이 되었다. 물론 어렵고, 힘들고, 바쁘지만 참으로 좋은 사역이다. 세금을 납부할 수밖에 없는 한국교회가 된 오늘, 한국교회는 국가 정책과 함께 가야 한다. 만약 우리 교회가 이 사역을 감당하지 않는다면, 이단이나 타종교, 혹은 개인의 이익을 위한 도구가 되어 버리고 말 것이다.

국가 정책과 함께 가는 교회로서 할 수 있다면 모든 사역을 다 감당하면 좋겠지만, 하나만 선택한다면 꼭 소개하고 싶은 시설이 있다. 그것은 노인 요양 공동 생활 가정과 주야간 보호 시설의 병합 시설이다.

3. 노인 요양 공동 생활 가정과 주야간 보호 병합 시설의 내용

노인 요양 공동 생활 가정은 치매 · 중풍 등 노인성 질환 등으로 심신에 상당한 장애가 발생하여 도움을 필요로 하는 노인에게 가정과 같은 주거 여건과 급식·요양, 그 밖에 일상생활에 필요한 편의를 제공함을 목적으로 하는 시설이다(노인복지법 34조). 또한 9인 이하의 노인 의료복지 시설로서 10인 이상의 시설인 요양원에 비하여 혜택이 많고, 소규모이기에 쉽게 시작할 수 있다. 뿐만 아니라 확장의 필요가 있으면 언제든지 또한 얼마든지 확장할 수 있다.

주야간 보호 시설은 부득이한 사유로 가족의 보호를 받을 수 없는 심신이 허약한 노인과 장애 노인을 주간 또는 야간 동안 보호 시설에 입소시켜 필요한 각종 편의를 제공하여 이들의 생활 안정과 심신 기능의 유지 · 향상을 도모하고, 그 가족의 신체적·정신적 부담을 덜어 주기 위한 서비스이다(노인복지법 38조).

이 두 시설은 병합하여 운영할 수 있도록 되어 있다. 주야간 보호 시설의 클라이언트는 요양 시설에 입소하실 예비 후보들이 된다. 그리고 노인 요양 공동 생활 가정에 계신 분들은 조금 더 건강한 분들과 생활하게 되어 정신 건강에 도움이 된다. 그리고 두 시설이 병합될 때 식당과 화장실 등의 시설이나, 원장과 간호사 등 직원들이 공동으로 사역할 수 있다. 따라서 수입은 늘리고 인건비와 건축비는 줄일 수 있는 장점이 있다(별표 4-1-다 참조).

4. 이 시설은 종합적 유익을 주게 된다

먼저는 주께 영광을 돌린다. 이 치유 사역은 주께서 하셨던 사역이기 때문이다. 따라서 치유가 필요한 사람들을 치유하는 사역을 우리가 감당한다면, 이 사역을 통하여 주께서는 영광을 받으시게 될 것이다.

다음은 교인들에게 유익하다. 교회가 설치 운영하는 이 시설은, 교인들부터 이용하게 될 것이다. 그러나 교회에 이 시설이 없다면 교인들은 요양 서비스를 받기 위하여 다른 시설을 찾아 떠나야 할 것이다. 그 교인이 목사님이건, 장로님이건, 권사님이건 마찬가지이다. 어쩌면 이단이나 타 종교 및 개인의 영리를 위하여 이용당할 것이다. 그러나 교회에서 이 시설을 운영한다면, 사랑하는 교우들로부터 교회에서 서비스를 받으며 일평생 예배하고, 기도하며, 찬송하다가 천국에 가게 될 것이다.

그리고 지역 주민들에게 유익하다. 믿지 않던 지역 주민들이라 할지라도 결국 교회로 올 수 밖에 없다. 교회로 오지 않으려면 고향도 친구도 없는 타 지역에 있는 요양원으로 가야 하기 때문이다. 그러므로 결국 마을 어르신 모두가 구원을 받을 수 있는 기회를 얻게 될 것이다.

또한 클라이언트의 가족들에게 유익하다. 클라이언트의 자녀들은 마을의 요양 시설에 부모님이 계시기에, 수시로 교회를 방문하여 부모님을 볼 것이다. 효도하게 하는 것이다. 부모를 부양하지 않고도 충분히 효도할 수 있다. 부모님이 좋아하시는 음식도 수시로 드릴 수 있을 것이다. 부모를 부양하는 고민을 전혀 하지 않아도 된다. 그리고 자식들도 생각하기를 '나도 결국 교회에 와서 이렇게 서비스를 받겠구나!'라고 생각하게 되어, 교회에 대한 긍정적 생각을 하게 될 것이다. 그리고 천국을 선물 받게 될 것이다.

뿐만 아니라 목회자에게 큰 유익이 있다. 열심히 주님의 교회를 섬긴다는 자부심을 가지게 될 것이다. 교인들의 헌금에만 의존하는 목회자가 아니라 바울이 장막 만드는 일을 통하여 사역하였듯이 사역할 수 있을 것이다. 자유함으로 목회할 뿐 아니라 갈수록 더 좋은 목회가 될 것이다. 가족 2인이 이 사역을 한다면 원장으로서, 간호사로서 어르신들과 함께 먹고 살 뿐 아니라 4대 보험과 퇴직금 및 매월 일정 금액의 급여를 받을 수 있을 것이다. 큰 유익이 있다.

또한 국가도 큰 유익을 얻는다. 국가가 어르신 한 분을 모시는 장소를 만들기 위하여 7,000만 원~1억 원 가량의 비용이 들어간다. 그리고 갖가지 추가 비용이 별도로 들어간다. 그러나 교회가 이 사역을 감당하면 그 비용이 절약된다. 그러기에 국가에서는 이 시설을 설치함에 있어서 허가제가 아닌 간단한 신고만으로 설치할 수 있도록 법을 제정하고 있다.

이 외에도 많은 유익이 있으나, 다 열거하기에는 지면이 부족하다. 만약 목회자가 개인적으로 이 사업을 운영한다면, 은퇴 후에도 주님의 사역을 계속 감당하게 될 것이다. 노후 대책이 확실히 보장되며, 7~8명의 일자리를 제공해 줄 수 있을 것이다. 교우들이나 자기 가족끼리 서로 직원으로 생활할 뿐 아니라 교우들을 비롯한 부모와 친인척과 자기 자신부터 자기가 세운 시설에서 천국에 가는 날까지 생활하게 될 것이다. 따라서 지역 사회의 신뢰와 복음의 문이 열리는 것은 말할 것도 없다. 그러나 이 시설은 조만간 신고가 아니라 허가제로 바뀔 가능성이 많다.

5. 좋은이웃노인요양공동생활가정과 주야간 보호 시설의 운영에 대하여

순천의교회는 교회당 1층 교육관을 개축하여, 노인 요양 공동 생활 가정을 설치 신고하고 양질의 서비스를 제공하고 있다.

더 정확한 운영에 대한 이해를 돕기 위하여 '2017년 사회 복지법인 좋은이웃 정기이사회 보고서'의 내용 중, 좋은이웃노인요양공동생활가정 및 노인 복지 센터의 부분을 다음과 같이 신고자 한다.

〈좋은이웃노인요양공동생활가정 및 노인복지센터 보고서〉

1) 2016년 사업 보고 및 2017년 사업 계획

(1) 2016년 사업 보고

ㅁ 사업별 운영 현황

① 좋은이웃노인복지센터(주야간 보호)

직원 현황					
시설장	사회 복지사	간호사	사무원	요양 보호사	계
1	1	1	0	1	4

이용자 현황						
1등급	2등급	3등급	4등급	5등급	등외	계
1	0	2	2	1	0	6

② 좋은이웃노인요양공동생활가정(노인 요양 공동 생활 가정)

직원 현황					
시설장	사회 복지사	간호사	사무원	요양 보호사	계
1	1	1	0	3	6

입소 이용 현황						
1등급	2등급	3등급	4등급	5등급	등 외	계
3	3	2	1		0	9

③ 노인 요양 공동 생활 가정 이용 대기자

구 분	입소 희망	주야간 이용 희망	합 계
대기자	5	0	5

□ 주요시설 현황

층 별	면적(㎡)	주요 시설	비 고
지상 1층	386.64	사무실, 침실, 생활실, 물리 치료실, 식당 및 조리실, 세면장 및 목욕실, 화장실 등	

(2) 2017년 사업 계획

□ 주요 사업 내용

- 건강 관리-세면, 식사, 양치, 면도, 이미용 등의 위생 건강 관리, 여가 활동, 운동 치료, 음악 치료, 미술 활동 등 신체건강 관리
- 의료 간호-약 복용 관리, 외래 병원 치료, 촉탁 의사 방문 진료, 간호사의 입소자 병력관리 등
- 영양 관리-필수 영양소에 기초한 정규식사, 치료적인 식이요법 관리, 당뇨, 고혈압, 변비 등에 따른 음식물 섭취 관리 등
- 기타 서비스-발 마사지, 노인 체조, 나들이, 생신 잔치, 말벗, 장기 요양 서비스 등

① 대상자 선정 및 범위

–장기 요양 보험 1, 2, 3, 4, 5등급 판정자(기초 수급자, 의료 수급권자, 일반), 전염성 질환자 및 공동생활에 피해를 주는 이용자는 입소 불가

② 주요 사업

분 류	세부 사업	목 표
시설 운영 사업	기관 운영 회의	시설의 정책 방향, 사업 계획에 대한 심의 및 자문
	기획 및 홍보	기관 홍보 및 안내
	지역 연계 사업	시설 개방을 통한 지역 사회에 기여
	직원 관리	직원의 체계적인 관리를 통한 자기 발전 도모
	자체 평가	기관의 지속적인 질 향상 도모
	재난 상황 대비	발생 가능한 사태 대비 훈련과 법률상 손해 책임 부담
일상 생활 보호 사 업	케어 서비스 계획 및 평가	개별 특성 파악을 통한 특화 맞춤 서비스 제공
	기본 관리	인간으로서의 기본적인 삶을 영위함.
	영양 관리	개별 식습관 및 건강에 따라 식사 제공
	의복 및 침구 관리	수급자 및 수급자 이용 환경의 청결 유지
	수급자(보호자) 대상 교육	노인 학대·폭력 및 욕창·낙상의 예방, 방지
	가족 지원 서비스	다양한 지원 서비스로 급여 제공의 질 향상을 도모
간호 영역	일상 간호 관리	기본 간호 관리를 통한 기초적인 건강 체크
	질환자 관리	질환별 건강 관리
	건강 검진 및 평가	발생 가능한 질병을 미연에 방지, 예방
	병원 진료	발생한 질병의 치료 및 관리
	비품 및 소모품 관리	간호 영역 관련한 비품 및 소모품의 위생적인 관리
프로 그램 운영 사업	치매 예방 및 관리 프로그램	프로그램 참여를 통한 치매 예방 및 관리
	여가 활동 프로그램	여가 생활 영위를 통한 삶의 만족도 증진
	지역 사회 연계	지역 사회 구성원으로서의 소속감 형성

	활동 프로그램	
	기능 회복 훈련	개별화된 기능 훈련을 통한 신체기능 유지 및 향상 도모
시설 관리 및 환경 개선	건축물 관리	건축물 안전 관리 및 유지·보수
	안전 관리	발생 가능한 사고를 미연에 방지
	시설 환경 개선	깨끗하고 아늑한 환경 조성
	소방 안전 관리	소방 사고 예방 및 발생 시 대비
	위생 관리	청결한 환경 조성
	차량 관리	최상의 차량 상태 유지

③ 일상생활

구 분	활동 내용
06 : 00~07 : 30	기상 및 아침 간호(세면, 배변 체크, 옷 입기, 침상 정리, 아침 식전 약 투약)
07 : 30~08 : 30	아침식사(개인별 식사 보조, 식후 약 투약)
08 : 10~09 : 30	주야간 보호-송영 서비스(입소)
08 : 30~09 : 00	청소, 환경 관리 및 물품 관리, 세탁물 관리
09 : 00~09 : 30	순회 및 업무 인수 인계(어르신 전체 건강 상태 및 시설물 상태 점검)
09 : 30~11 : 00	목욕 및 개인 위생 관리, TV 시청 등의 개인 휴식 시간
11 : 00~11 : 40	근골격계 운동 및 종교, 문화 활동
11 : 40~12 : 00	점심 식사(개인별 식사 보조 및 식후 약 투약)
12 : 00~14 : 00	휴식 및 오침
14 : 00~14 : 30	프로그램 진행
14 : 30~15 : 00	간 식
15 : 00~16 : 30	개인별 작업 치료
16 : 30~17 : 00	저녁식사(개인별 식사 보조 및 식후 약 투약)
17 : 00~18 : 00	주야간 보호-송영 서비스(귀가), 공동 생활 가정
18 : 00~18 : 30	TV 시청 및 개인 휴식 시간
18 : 30~19 : 00	침상 정리 및 수면 유도
19 : 00~06 : 00	취침, 야간 순찰, 체위 변경 및 기저귀 교환

2) 2016년 결산 보고(2016년 1월 1일-2016년 12월 31일)

수입 : 251,567,530원

지출 : 242,713,030원

잔액 : 8,854,500원

(1) 수 입 (단위 : 원)

과 목		2016 예산	2016 결산	대 비	비 고
항	목				
요양 급여 수입	장기 요양 급여 수입	195,520,920	201,382,620	103%	장기 요양 제공 급여
	본인 부담금	41,623,860	33,242,490	80%	입소·이용자 부담금
정 부 보조금	시군구 보조금	5,565,600	3,364,210	60%	기초 수급자 정부 보조금
이월금	전년도 이월금	3,000,000	7,562,869	252%	전년도 이월금
잡수입	기타 잡수입	0	6,015,341	102%	통장 예금 이자, 퇴직금
총합계		245,710,380	251,567,530	102%	

(2) 지 출 (단위 : 원)

과 목			2016 예산	2016 결산	대 비	산출 기초
관	항	목				
사무비			208,673,380	225,472,060	108%	
	인건비		190,808,560	202,432,810	106%	
		급여	148,200,000	153,419,630	104%	1,350,000원x12개월 x2명=32,400,000원 1,450,000원x12개월 x1명=17,400,000원 1,400,000원x12개월 x2명=33,600,000원

과 목			2016 예산	2016 결산	대 비	산출 기초
관	항	목				
						1,350,000원x06개월 x2명=16,200,000원 1,850,000원x06개월 x1명=11,100,000원
		제수당	0	300,000		
		퇴직금 및 퇴직 적립금	13,908,560	22,654,500	163%	112,500원x12회x2명 =2,700,000원 120,830원x12회x1명 =1,450,000원 116,660원x12회x2명 =2,800,000원 116,660원x06회x2명 =1,400,000원 129,000원x06회x1명 =774,000원
		사회 보험 부담금	23,200,000	21,595,680	93%	국민연금 9.0% 건강보험 5.99%(13.1%) 고용보험 1.55% 산재보험 0.007%
		기타 후생 경비	5,500,000	4,463,000	81%	명절 직원선물 300,000x2회x5명 =3,000,000원 300,000x2회x3명 =1,800,000원 전문인, 시설 배상 책임 보험 3,000,000원
업무 추진비			5,640,000	2,824,920	50%	
	기관 운영비		1,200,000	354,320	30%	직원 명절 선물
		직책 보조비	4,200,000	2,400,000	57%	센터장 활동비 =300,000원x12회 =3,600,000원 책임 요양사 활동비

과 목			2016 예산	2016 결산	대 비	산출 기초
관	항	목				
						=50,000원x12회 =600,000원
		회의비	240,000	70,600	29%	15,000원x2회 x12개월=360,000원
	운영비		12,224,820	20,214,330	165%	
		여 비	250,000	270,500	108%	교육 및 모임 50,000원x10회 =500,000원
		수용비 및 수수료	2,400,000	4,959,950	207%	사무용품, 비품, 생활용품
		공공 요금	5,594,820	7,023,250	126%	전기, 전화, 우편요금
		제세 공과금	480,000	3,725,130	776%	결산법인세 배상책임 및 시설보험
		차량비	3,000,000	4,151,500	138%	차량유류비
		기타 운영비	500,000	84,000	17%	경조비
재산 조성비			5,680,000	2,068,540	36%	
	시설비		5,680,000	2,068,540	36%	
		자산 취득비	2,660,000	1,588,540	60%	
		시설 장비유지비	3,020,000	480,000	16%	청소기수리 가스설비
사업비			31,357,000	15,026,930	48%	
	운영비		31,357,000	15,026,930	48%	
		수용기관 경비	3,000,000	564,100	19%	성인용패드(기저귀) 장의비(부의금)
		의료비, 장의비	1,660,000	1,731,830	104%	상비약
		연료비	4,000,000		0%	LPG 가스, 난방유
		생계비	22,697,000	12,731,000	56%	노인요양공동생활가정

과 목			2016 예산	2016 결산	대 비	산출 기초
관	항	목				
						(한끼식비) : 1,600원, 간식비 : 1,000원) (1,600원x3끼+1,000원) x30일x12개월 x5명=10,440,000원 노인요양공동생활가정 (한끼식비) : 1,600원, 간식비 : 500원) =(1600원x3끼+500원) x30일x6개월x2인 =1,728,000원 기초수급자생계비보조 (2인)503,180원x6 =3,019,080원 노인복지센터 (한끼식비=1,600원, 간식비 500원) : 식비 (1,600원x2끼+500원) x25일x7인x6개월 =3,885,000원
잡지출			0	145,500		
	잡지출		0	145,500		
		잡지출 -기타 교육비	0	145,500		
예비비 및 기타			0	0	0%	
	예비비 및 기타		1,000,000	0	99%	
		예비비	1,000,000	0	99%	예비비
총 합계			245,710,380	242,713,030	89%	

3) 2017년 예산(안)

(1) 수 입 (단위 : 원)

<table>
<tr><th colspan="2">과목</th><th rowspan="2">2016 예산</th><th rowspan="2">2016 결산</th><th rowspan="2">대비</th><th rowspan="2">2017 예산</th><th rowspan="2">비 고</th></tr>
<tr><th>항</th><th>목</th></tr>
<tr><td rowspan="2">요양급여수입</td><td>장기요양급여수입</td><td>195,520,920</td><td>201,382,620</td><td>114%</td><td>223,389,600</td><td rowspan="2">(공동생활가정)
156,682,080원
1등급 1일 수가
52,940원x30일x3명x12개월
=57,175,200원
2등급 1일 수가
49,120원x30일x3명x12개월
=53,049,600원
3등급 1일 수가
45,280원x30일x1명x12개월
=15,485,760원
3, 4등급 1일 수가
45,280원x30일x2명x12개월
=30,971,520원
가산금2,500,000원x12개월
=30,000,000원

(주야간보호)36,707,520원
1등급 : 48,940x18일x12개월
=10,570,040원
3등급 : 41,470x18일x12개월
=8,957,520원
4등급 : 40,340원x18일x12개월
=8,713,440원
5등급 : 39,190x18일x12개월
=8,465,040원

–공동생활가정14,724,000원
식재료비 : 1일 1,600원
x3x8인x30일x12개월
=13,824,000원</td></tr>
<tr><td>본인부담금</td><td>41,623,860</td><td>33,242,490</td><td>45%</td><td>18,720,000</td></tr>
</table>

과목		2016 예산	2016 결산	대비	2017 예산	비 고
항	목					
						간식비 : 1일 500원 x8x30x12=1,440,000원 –주야간보호 : 3,996,000원 식재료비 : 1일 1,600원 x2끼x5인x18일x12개월 =3,456,000원 간식비 : 1일 500원x5인 x18x12=540,000원
정부보조금	시군구보조금	5,565,600	3,364,210	554%	2,980,560	1인 248,380원x12개월 =2,980,560원
이월금	전년도이월금	3,000,000	7,562,869	0%	0	전년도 이월금
기타잡수입	기타잡수입	0	6,015,341		0	퇴직금 및 이자
총합계		245,710,380	251,567,530	281%	245,090,160	

(2) 지 출

(단위 : 원)

과목			2016 예산	2016 결산	대비	2017 예산	산출 기초
관	항	목					
사무비			208,673,380	225,472,060	108%	217,883,400	
	인건비		190,808,560	202,432,810	106%	189,380,040	
		급여	148,200,000	153,419,630	100%	148,600,000	인건비 : 148,600,000원

과목			2016 예산	2016 결산	대비	2017 예산	산출 기초
관	항	목					
							-시설장 : 1,600,000원 x12개월+(800,000원 x2개월)=20,800,000원 -사회 복지사2인 : 1,400,000원x12개월 +700,000원x2개월 =36,400,000원 -간호사 : 1,500,000원 x12개월=18,000,000원 -요양보호사 : 1,300,000원 x12개월x4인=62,400,000원 -요양보호사 : 1,200,000원 x12개월=14,00,000원 -조리원 : 800,000x12개월 =9,600,000원
		일용 잡급, 제수당	0	300,000	%	1,200,000	300,000원x4회 =1,200,000원
		퇴직금 및 퇴직 적립금	13,908,560	22,654,500	86%	12,000,000	1,000,000원x12개월 =12,000,000원
		사회 보험 부담금	23,200,000	21,595,680	97%	22,480,040	사회보험부담금 : 22,481,040,원 국민연금 : 736,760원 x12=8,841,120원 국민건강 : 766,760원 x12=9,201,120원 고용보험 : 257,240원 x12=3,086,880원 산재보험 : 112,660원 x12=1,351,920원
		기타 후생	5,500,000	4,463,000	93%	5,100,000	처우개선비1인x100,000원 x4x12개월=4,800,000원

과목			2016 예산	2016 결산	대비	2017 예산	산출 기초
관	항	목					
		경비					건강진단비 30,000원 x10=300,000원
	업무추진비		5,640,000	2,824,920	97%	5,498,760	
		기관 운영비	1,200,000	354,320	138%	1,658,760	
		직책 보조비	4,200,000	2,400,000	86%	3,600,000	시설장 300,000원 x12=3,600,000원
		회의비	240,000	70,600	100%	240,000	회의비 60,000원x4회 =240,000원
	운영비		12,224,820	20,214,330	188%	23,004,600	
		여비	250,000	270,500	120%	300,000	50,000원x6월 =300,000원
		수용비 및 수수료	2,400,000	4,959,950	250%	6,000,000	500,000원x12개월 =6,000,000원
		공공 요금	5,594,820	7,023,250	206%	11,529,000	우편료 : 8,000원x12개월 =969,000원 전기료 : 300,000원x12개월 =3,600,000원 수도료 : 150,000원x12개월 =1,800,000원 전화요금 : 100,000원 x12개월=1,200,000원
		제세 공과금	480,000	3,725,130	313%	1,500,000	제세공과금 협회비;20,000원x12개월 =240,000원 저수기 : 20,000원x12개월 =240,000원 시스템사용료 33,000원 x12개월=396,000원 자동차세 : 300,000원x1회 =300,000원

과목			2016 예산	2016 결산	대비	2017 예산	산출 기초
관	항	목					
							주야협회비 : 320,000원
		차량비	3,000,000	4,151,500	113%	3,400,000	유류대 : 200,000x12개월 =2,400,000원 정비비 : 500,000원 차량소모품비 : 500,000원
		기타 운영비	500,000	84,000	55%	275,600	
재산조성비			5,680,000	2,068,540	11%	600,000	
	시설비		5,680,000	2,068,540	11%	600,0000	
		자산 취득비	2,660,000	1,588,540	0%	0	
		시설장비유지비	3,020,000	480,000	20%	600,000	50,000원x12개월 −600,000원
사업비			30,357,000	15,026,930	78%	23,544,560	
	운영비		30,357,000	15,026,930	78%	23,544,560	
		수용기 관경비	4,000,000	564,100	0%	0	
		의료비, 장의비	1,660,000	1,731,830	0%	0	
		연료비	4,000,000	0	120%	4,800,000	가스료 400,000원x12개월 =4,800,000원
		생계비	18,897,000	12,731,000	92%	17,304,560	비급여본인부담금 : 14,324,000원 −1,193,660원x12개월 =14,324,000원 기초수급자생계보조금 : 2,980,560원 −248,380원x12개월
		프로그램비	1,800,000	0	180%	1,440,000	20,000원x12개월 =240,000원

과목			2016 예산	2016 결산	대비	2017 예산	산출 기초
관	항	목					
예비비 및 기타			1,000,000	145,500	120%	1,200,000	
	예비비 및 기타		1,000,000	145,500	120%	1,200,000	
		예비비 -기타 교육비	1,000,000	145,500	120%	1,200,000	
준비금			0	0	120%	1,862,200	
	환경개선 부담금		0	0	120%	1,862,200	
		시설 환경 준비금	0	0	120%	1,862,200	
총 합계			245,710,380	242,713,030	100%	245,090,160	

4) 청원 사항 : 좋은이웃노인요양공동생활가정 운영위원 위촉 건

사회 복지법인좋은이웃대표이사 귀하

아래와 같이 좋은이웃노인요양공동생활가정의 운영위원회 운영위원을 추천하오니 허락하여 주시기 바랍니다.

-아 래-

연 번	성 명	자 격	비 고
1	송OO	시설장	위원장
2	김OO	종사자	신규
3	신OO	거주자	연임
4	장OO	보호자	신규
5	한OO	지역 주민	연임
6	송OO	전문인	연임

노인 의료 복지 시설 좋은이웃노인요양공동생활가정 원장 송○○

여기까지가 본 교회가 운영하는 시설 중 노인 요양 공동 생활 가정과 주야간 보호 병합 시설의 2016년 사업 보고 및 2017년 사업 계획과 2016년 결산 및 2017년 예산에 관한 내용이다. 순천의교회는 담임목사는 대표이고 부목사와 직원들로 하여금 운영하게 하여 호평을 받고 있다.

그러나 순천의교회는 모든 교회의 모델은 아니다. 그저 참고할 수 있는 부분일 것이다. 각 교회와 지역의 상황이 다르기 때문이다. 그럼에도 불구하고 순천의교회를 조금 보여 드리는 것은, 사업을 시작하고자 하시는 분들이 조금이라도 더 자신감을 가질 수 있도록 해 드리고자 하는 마음 때문이다.

6. 어떻게 시작할까?

가장 효과적인 사업은 노인 요양 공동 생활 가정 9인 시설과 주야간 보호 7인 시설이다. 그럴 때 가장 효과적인 사업이 되었다. 따라서 이제는 노인 요양 공동 생활 가정 9인과 주야간 보호 7인 병합 시설에 대하여 간단하게 정리하고자 한다. 먼저는 수입과 지출에 대하여 안내함으로 가능성을 보여 주고, 직원 배치와 시설에 대하여 간략히 말하려 한다.

1) 수입과 지출

수입은 요양보험법에 의하여 건강보험공단에서 80~100%를 부담하고, 수급자들로부터 20% 이내의 개인 부담금을 받게 된다. 9인 시설인 노인 요양 공동 생활 가정은 요양 등급 1~3등급 기준이며, 7인 시설인 주야간 보호 시설은 요양 등급 4등급 기준으로 설정하고 추천하여 본다. 물론 이 외의 수입도 있고 지출도 있으나 편의상 간단히 정리하고자 한다.

지출은 인건비와 기타 비용도 조금 넉넉하게 편성했다. 또한 상환금은 요양 시설을 위한 건축이나 수선의 경우에 사용되었던 대출금(대출금 3억 원일 경우)과 그 이자로 월 이자 100만 원과 원금상환금 100만 원으로 정해 보았다. 또한 예비비의 경우 여러 변수를 고려하여 넉넉한 금액으로 책정하였다.

(1) **예상 수입(1년)**

	급여 내용	급여 수입	비 고	
공동 생활 가정	1등급 3명	57,969,300	52,940원×365일×3명	※ 클라이언트가 100% 채워질 경우임. 충분히 가능함.
	2등급 3명	53,786,400	49,120원×365일×3명	
	3등급 3명	49,582,600	45,280원×365일×3명	
	계	161,337,300		
주야간	4등급 7명	84,714,000	40,340원×300일×7명	
수입계		246,051,300	※식비와 간식비 등은 별도의 수입임.	

(2) **예상 지출(1년)**

	내 용	수 입	비 고	
사무비	인건비	163,800,000	180만 원×13개월×7명	※ 인력 추가 배치의 경우 인건비를 지원받게 됨. 조절이 가능한 부분임.
	업무 추진비	6,000,000	500,000원×12개월	
	운영비	6,000,000	500,000원×12개월	
	계	175,800,000		
사업비	기타	12,000,000	1,000,000원×12개월	
상환금	원금+이자	24,000,000	2,000,000원×12개월	
예비비	기 타	34,251,300	※ 변수가 많기에 넉넉하게 책정함.	
계		246,051,300	※ 식비와 간식비 등은 별도 지출함.	

<보건복지부의 2017년 급여 유형별 장기요양 수가표>

① 노인 요양 시설 (단위 : 1일, 원)

등 급	현행 수가	'17년 수가(4.02% 인상)
1	57,040	59,330
2	52,930	55,060
3, 4, 5	48,810	50,770

② 공동 생활 가정 (단위 : 1일, 원)

등 급	현행 수가	'17년 수가(3.21% 인상)
1	51,290	52,940
2	47,590	49,120
3, 4, 5	43,870	45,280

③ 주야간 보호 (단위 : 원)

등 급		현행 수가	'17년 수가(8.90% 인상)
3시간 이상	1등급	26,700	29,080
	2등급	24,720	26,920
	3등급	22,820	24,850
	4등급	21,780	23,720
	5등급	20,740	22,590
6시간 이상	1등급	35,790	38,980
	2등급	33,160	36,110
	3등급	30,610	33,340
	4등급	29,570	32,200
	5등급	28,520	31,060
8시간 이상	1등급	44,530	48,490
	2등급	41,250	44,920
	3등급	38,080	41,470
	4등급	37,040	40,340
	5등급	35,990	39,190

10시간 이상	1등급	49,050	53,420
	2등급	45,440	49,490
	3등급	41,980	45,720
	4등급	40,930	44,570
	5등급	39,880	43,430
12시간 이상	1등급	52,600	57,280
	2등급	48,730	53,070
	3등급	45,020	49,030
	4등급	43,980	47,900
	5등급	42,930	46,750

2) 직 원

(1) 직원의 자격 기준

직종별	자격 기준
시설의 장	사회 복지사업법에 따른 사회 복지사 자격증 소지자 또는 의료법 제2조에 따른 의료인
사회 복지사	사회 복지사업법에 따른 사회 복지사 자격증 소지자
물리 치료사 또는 작업 치료사	의료기사 등에 관한 법률에 따른 물리 치료사 또는 작업 치료사 면허 소지자
요양 보호사	법에 따른 요양보호사 1급 자격증 소지자

(2) 직원 배치 기준

시설별 \ 직종별		시설장	사무국장	사회 복지사	간호 인력	물리(작업) 치료사	요양 보호사
노인 요양 시설	30명 이상	1명	1명 (입소자 50명 이상인 경우로 한정)	1명 (100명 초과 시 1명 추가)	입소자 25명당 1명	1명 (100명 초과 시 1명 추가)	입소자 2.5명당 1명
	30명	1명	1명		1명	필요수	

	미만					↓ 삭제	
공동생활가정		1명			1명		3명당 1명
직종별 시설별		사무원	조리원	위생원	관리인	의사	영양사
노인요양 시설	30명 이상	필요수 ↓ 1명 (50인 이상)	필요수 ↓ 1명 (25명당)	필요수 ↓ 1명 (100명 초과 시 1명 추가)	필요수 ↓ 1명 (50인 이상)	1명 이상	1명 (1회급식 인원 50명 이상)
	30명 미만		필요수 ↓ 1명	필요수 ↓ 삭제		1명	
공동생활가정							

※ 노인 요양 공동 생활 가정 9인 시설의 최소 필요 직원은 5명

직종별 기관별		관리 책임자	사회 복지사	요양 보호사	간호 (조무)사	물리(작업) 치료사	사무원	조리원	보조원 (운전사)
주야간 보호	10명 이상	1명	1명 이상	수급자 7명당 1명 이상 (1급)	1명 이상		필요수 ↓ 1명(25 인 이상)	필요수 ↓ 1명	필요수 ↓ 1명
	10명 미만	1명			1명 이상			필요수 ↓ 1명	필요수 ↓ 삭제

7인의 주야간 보호시설의 경우 최소 필요 직원은 4명이다. 그러나 노인 요양 공동 생활 가정과 주야간 보호 병합 시설의 경우, 시설장(관리 책임자)이나 간호 인력은 겸직이 가능하다. 그리고 추가되는 조리원 사회 복지사 등의 급여는, 이 시설의 경우 별도로 지급받을 수 있다. 따라서 병합 시설의 경우 매우 효과적인 사업이 가능하다.

추천한다면 시설 원장은 목회자가 담당하고 간호 인력 1인은 목회자

의 가족 중에서 선택하고, 요양 보호사 4인과 조리원 등은 교우들 중에서 채용하는 것이 좋을 것이다. 교회의 성실한 자격자를 원장으로 세우는 것이 바람직하게 느껴질 수 있을 것이지만, 교인들에게는 요양 보호사나 자원봉사자로 참여하게 하는 것을 추천한다. 교인 중에서 원장이 세워지면 원장 개인의 사업이 되는 경우가 다반사이다. 그러므로 조금 힘들고 부담스러울지라도 원장은 목회자가 담당하는 것이 좋다. 이 사업은 예수님처럼 사역하는 순수한 목회이다. 그러므로 담임목사가 할 수 없는 상황이라면 부목사를 세워서 그 일을 감당하게 하면 더욱 좋은 것이다. 어찌되었든지 이 사업은 목회이기에 목회자가 하는 것은 당연한 것이다.

3) 시 설

좋은 시설은 만족도를 상승시키게 된다. 서비스를 받는 클라이언트와 그의 가족들과 직원들, 그리고 성도들에게도 높은 만족도를 제공한다. 특히 성도들은 자신의 가족이나 자신이 언젠가는 이곳에 오게 되리라는 인식을 가지게 된다. 따라서 양질의 서비스가 가능하도록 좋은 시설을 갖추면 매우 좋아한다. 그렇다면 법에 규정한 시설 기준에 대하여 간단히 살펴보겠다.

[별표 4] <개정 2016.8.31.>

노인의료복지시설의 시설기준 및 직원배치기준(제22조 제1항 관련)

1. 공통사항

가. 시설의 규모

노인의료복지시설(이하 이 표에서 '시설'이라 한다)은 다음 각 호의 구분에 따른 인원이 입소할 수 있는 시설을 갖추어야 한다.

(1) 노인요양시설 : 입소정원 10명 이상(입소정원 1명당 연면적 23.6㎡ 이상의 공간을 확보하여야 한다). 다만, 노인요양시설 안에 치매전담실을 두는 경우에는 다음의 요건을 갖추어야 한다.

(가) 치매전담실 1실당 정원은 12명 이하로 할 것(정원 1명당 연면적 15㎡ 이상의 공간을 확보하여야 한다.)

(나) 치매전담실은 총 2실 이내로 설치할 것

(다) 치매전담실의 총 인원은 노인요양시설 입소정원의 60% 이내로 할 것

(라) 치매전담실을 설치한 후에는 노인요양시설의 입소정원이 30명 이상일 것

(2) 노인요양공동생활가정 : 입소정원 5명 이상 9명 이하(입소정원 1명당 연면적 20.5㎡ 이상의 공간을 확보하여야 한다.)

나. 시설의 구조 및 설비

(1) 시설의 구조 및 설비는 일조 · 채광 · 환기 등 입소자의 보건위생과 재해방지 등을 충분히 고려하여야 한다.

(2) 복도 · 화장실 · 침실 등 입소자가 통상 이용하는 설비는 휠체어 등이 이동 가능한 공간을 확보하여야 하며 문턱제거, 손잡이시설 부착, 바닥 미끄럼 방지 등 노인의 활동에 편리한 구조를 갖추어야 한다.

(3) 「소방시설 설치유지 및 안전관리에 관한 법률」이 정하는 바에 따라 소화용 기구를 비치하고 비상구를 설치하여야 한다. 다만, 입소자 10명 미만인 시설의 경우에는 소화용 기구를 갖추는 등 시설의 실정에 맞게 비상재해에 대비하여야 한다.

(4) 입소자가 건강한 생활을 영위하는데 도움이 되는 도서관, 스포츠 · 레크리에이션 시설 등 적정한 문화 · 체육부대시설을 설치하되, 지역 사회와 시설간의 상호교류 촉진을 통한 사회와의 유대감 증진을 위하여 입소자가 이용하는데 지장을 주지 아니하는 범위에서

외부에 개방하여 운영할 수 있다.

다. 재가노인복지시설의 병설 · 운영

시설의 장은 시설의 개방성을 높여 지역 사회와의 교류를 증진하고 입소자가 외부사회와의 단절감을 느끼지 아니하도록 재가노인복지시설을 병설 · 운영할 수 있다.

2. 시설 설치에 관한 특례

가. 시설 설치자는 시설을 설치할 토지 및 건물의 소유권을 확보하여야 하며, 시설 설치목적 외의 목적에 의한 저당권, 그 밖에 시설로서의 이용을 제한할 우려가 있는 권리는 해당 토지 및 건물에 설정하여서는 아니 된다. 다만, 시설의 설치목적에 의한 저당권을 설정하는 경우에도 저당권의 피담보채권액과 입소보증금의 합이 건설원가의 80% 이하이어야 한다.

나. 가목에도 불구하고 노인요양공동생활가정, 입소자로부터 입소비용의 전부를 수납하여 운영하는 노인요양시설 및 보건복지부장관이 지정하여 고시하는 지역에 입소자 30명 미만의 노인요양시설을 설치하는 경우에는 다음 (1)부터 (4)까지의 규정에 따른 요건을 갖춘 경우에 한하여 타인 소유의 토지 및 건물을 사용하여 시설을 설치할 수 있다.

(1) 사용하려는 토지 및 건물에 선순위 권리자 및 그 밖에 시설로서의 이용을 제한할 우려가 있는 권리가 설정되어 있지 않을 것

(2) 입소자로부터 입소비용의 전부를 수납하여 운영하는 시설의 경우에는 임대차계약 · 지상권설정계약 등 사용계약의 양 당사자가 법인일 것(노인요양공동생활가정을 설치하는 경우는 제외한다.)

(3) 토지 또는 건물에 대한 등기 등 법적 대항요건을 갖출 것

(4) 사용계약서에 다음의 내용이 포함되어 있을 것

(가) 토지 또는 건물의 사용목적이 시설의 설치 · 운영을 위한 것이라는 취지의 내용

(나) 계약기간의 연장을 위한 자동갱신조항

(다) 무단 양도(매매 · 증여 그 밖에 권리의 변동을 수반하는 일체의 행위를 포함한다.) 및 전대의 금지조항

(라) 장기간에 걸친 임차료 등의 인상방법(무상으로 사용하는 경우는 제외한다.)

(마) 토지 또는 건물에 대한 사용권자의 우선 취득권에 관한 내용

다. 시설을 설치하려는 자는 입소자에 대한 보증금 반환채무의 이행을 보장하기 위하여 입소계약 체결 후 보증금 수납일부터 10일 이내에 다음 각 호의 요건에 적합한 인 · 허가보증보험에 가입하여야 한다. 다만, 시설 개원이후 입소자별로 전세권 또는 근저당권 설정 등의 조치를 한 경우에는 각각 인 · 허가보증보험에 가입하지 아니할 수 있다.

(1) 보증내용 : 입소자의 입소보증금 반환채무 이행보증

(2) 보증가입금액 : 입소보증금 합계의 100분의 50 이상

(3) 보증가입기간 : 보증금 납부일부터 퇴소시까지

(4) 보증가입관계 : 시장 · 군수 · 구청장을 피보험자로 함

(5) 보험금 수령방법 : 시장 · 군수 · 구청장의 확인 하에 입소자가 보험금을 직접 수령함

3. 시설 기준

<table>
<tr><th colspan="2">구분
시설별</th><th>침실</th><th>사무실</th><th>요양보호사실</th><th>자원봉사자실</th><th>의료 및 간호사실</th><th>물리(작업)치료실</th><th>프로그램실</th><th>식당 및 조리실</th><th>비상재해대비시설</th><th>화장실</th><th>세면장 및 목욕실</th><th>세탁장 및 세탁물건조장</th></tr>
<tr><td rowspan="2">요양시설</td><td>30명 이상</td><td>○</td><td>○</td><td>○</td><td>○</td><td>○</td><td>○</td><td>○</td><td>○</td><td>○</td><td>○</td><td>○</td><td>○</td></tr>
<tr><td>10~29명</td><td>○</td><td colspan="3">○</td><td>○</td><td>○</td><td>○</td><td>○</td><td>○</td><td>○</td><td colspan="2">○</td></tr>
<tr><td colspan="2">요양공동생활가정</td><td>○</td><td colspan="4">○</td><td colspan="2">○</td><td>○</td><td>○</td><td colspan="3">○</td></tr>
</table>

비고 : (1) 세탁물을 전량 위탁 처리하는 경우에는 세탁장 및 세탁물 건조장을 두지 아니할 수 있다.

(2) 의료기관의 일부를 시설로 신고하는 경우에는 물리(작업)치료실, 조리실, 세탁장 및 세탁물 건조장을 공동으로 사용할 수 있다. 다만, 공동으로 사용하려는 물리(작업)치료실이 시설의 침실과 다른 층에 있는 경우에는 입소자의 이동이 가능하도록 경사로 또는 엘리베이터를 설치하여야 한다.

(3) 노인요양시설 안에 두는 치매전담실의 경우에는 다음의 요건을 갖추어야 한다.

(가) 공동거실의 면적은 전체 면적의 25% 이상일 것

(나) 치매전담실 입구에 출입문을 두어 공간을 구분하되, 화재 등 비상시에 열 수 있도록 할 것

(다) 다음 표의 시설을 갖출 것

구 분 / 시설별	침실	공동거실						옥외공간
		화장실	오물처리	세면 및 간이욕실	간이 주방	식사 공간	간이세탁 및 수납공간	
치매전담실	○	○	○	○	○	○	○	△

(○ : 필수, △ : 권장)

(4) 치매전담형 노인요양공동생활가정의 경우에는 다음의 요건을 갖추어야 한다.

(가) 1층에 설치할 것

(나) 전체 면적의 25% 이상이 되는 공동거실을 추가로 설치할 것

(다) 15㎡ 이상의 옥외공간을 추가로 설치할 것

4. 설비기준

가. 침실

(1) 독신용 · 합숙용 · 동거용 침실을 둘 수 있다.

(2) 남녀공용인 시설의 경우에는 합숙용 침실을 남실 및 여실로 각각 구분하여야 한다.

(3) 입소자 1명당 침실면적은 6.6㎡ 이상이어야 한다. 다만, 치매전담실은 다음과 같이 구분하여 침실면적의 기준을 달리하여야 한다.

(가) 가형 : 1인실 9.9㎡ 이상, 2인실 16.5㎡ 이상, 3인실 23.1㎡ 이

상, 4인실 29.7㎡ 이상

(나) 나형 : 1인실 9.9㎡ 이상(다인실의 경우에는 입소자 1명당 6.6㎡ 이상이어야 한다.)

(4) 합숙용 침실 1실의 정원은 4명 이하이어야 한다. 다만, 치매전담형 노인요양공동생활가정의 경우에는 침실 1실의 정원이 3명 이하이어야 한다.

(5) 합숙용 침실에는 입소자의 생활용품을 각자 별도로 보관할 수 있는 보관시설을 설치하여야 한다.

(6) 적당한 난방 및 통풍장치를 갖추어야 한다.

(7) 채광 · 조명 및 방습설비를 갖추어야 한다.

(8) 노인질환의 종류 및 정도에 따른 특별침실을 입소정원의 5% 이내의 범위에서 두어야 한다.

(9) 침실바닥면적의 7분의 1 이상의 면적을 창으로 하여 직접 바깥 공기에 접하도록 하며, 개폐가 가능하여야 한다.

(10) 침대를 사용하는 경우에는 노인들이 자유롭게 오르내릴 수 있어야 한다.

(11) 안전설비를 갖추어야 한다.

(12) 공동주택에 설치되는 노인요양공동생활가정의 침실은 1층에 두어야 한다.

(13) 노인요양시설 내 치매전담실 및 치매전담형 노인요양공동생활가정의 경우에는 1인실을 1실 이상 두어야 한다.

나. 식당 및 조리실 : 조리실바닥은 내수재료로서 세정 및 배수에 편리한 구조로 하여야 한다.

다. 세면장 및 목욕실

(1) 바닥은 미끄럽지 아니하여야 한다.

(2) 욕조를 설치하는 경우에는 욕조에 노인의 전신이 잠기지 아니하는 깊이로 하고 욕조 출입이 자유롭도록 최소한 1개 이상의 보조봉과 수직의 손잡이 기둥을 설치하여야 한다.

(3) 급탕을 자동온도조절장치로는 경우에는 물의 최고온도는 섭씨 40도 이상이 되지 아니하도록 하여야 한다.

라. 프로그램실 : 자유로이 이용할 수 있는 적당한 문화시설과 오락기구를 갖추어 두어야 한다.

마. 물리(작업)치료실 : 기능회복 또는 기능감퇴를 방지하기 위한 훈련 등에 지장이 없는 면적과 필요한 시설 및 장비를 갖추어야 한다.

바. 의료 및 간호사실 : 진료 및 간호에 필요한 상용의약품 · 위생재료 또는 의료기구를 갖추어야 한다.

사. 그 밖의 시설

(1) 복도, 화장실, 그 밖의 필요한 곳에 야간 상용등을 설치하여야 한다.

(2) 계단의 경사는 완만하여야 하며, 치매노인의 낙상을 방지하기 위하여 계단의 출입구에 출입문을 설치하고, 그 출입문에 잠금장치를 갖추되, 화재 등 비상시에 자동으로 열릴 수 있도록 하여야 한다.

(3) 바닥은 부드럽고 미끄럽지 아니한 바닥재를 사용하여야 한다.

(4) 주방 등 화재위험이 있는 곳에는 치매노인이 임의로 출입할 수 없도록 잠금장치를 설치하여야 한다.

(5) 배회환자의 실종 등을 예방할 수 있도록 외부 출입구에 잠금장치를 갖추되, 화재 등 비상시에 자동으로 열릴 수 있도록 하여야 한다.

아. 경사로 : 침실이 2층 이상인 경우 경사로를 설치하여야 한다. 다만, 「승강기시설 안전관리법」에 따른 승객용 엘리베이터를 설치한 경우에는 경사로를 설치하지 아니할 수 있다.

클라이언트 9인인 노인 요양 공동 생활 가정과 7인인 주야간 보호시설의 규모는 건축 평수로 70평 정도면 적당할 것이다. 교회가 이 시설을 갖추기 위한 몇 가지 상황에 따른 그림을 보고자 한다.

① 기존 건물을 이용할 경우

※ 노인 요양 공동 생활 가정(침실 6.6㎡×9=59.4㎡, 총 건축 면적 184.5㎡, 56坪)과 주야간 보호(병합시설이므로 방만 두 개 만들면 됨.)를 설치함에 있어서 교회 여건에 따라 인원 수를 조절할 수 있음.

※ 기존 건물을 리모델링하여 사용함. 예배당일 경우 본당을 이용하여 가운데는 주일에 예배 처소로, 평소에는 거실로 사용할 수 있음.

② 기존 건물을 증축하는 경우

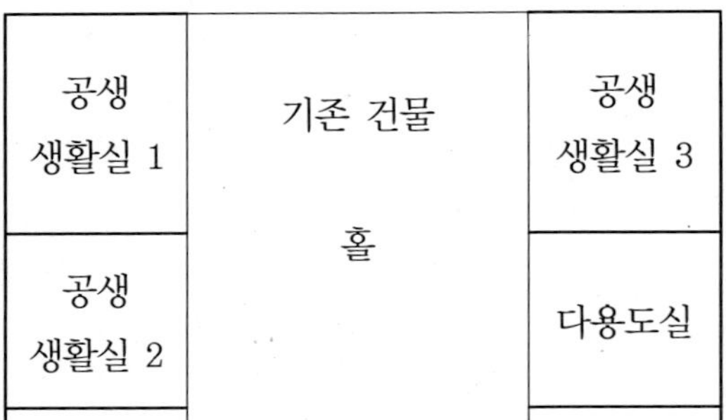

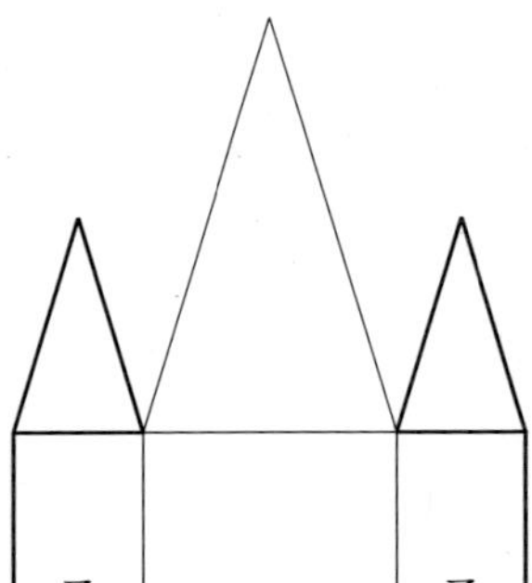

※ 기존 건물을 증축하는 경우는 법에 따라 적절하게 조정할 수 있음.

③ 단층 신축의 경우 : 70평 정도의 건축을 통하여 병합 시설을 설치 신고하고 서비스를 제공할 수 있을 것이다.

④ 2층 신축의 경우 : 60평 정도의 1층과 40평 정도의 2층을 건축할 수 있다. 이 경우 1층은 침실을 비롯한 요양 시설로 사용하고 2층은 사무실이나 사택 또는 교육관이나 마을 사람들의 사랑방으로 사용할 수 있을 것이다.

⑤ 3층 신축의 경우 : 60평 정도의 1층과 35평 정도의 2층, 그리고 25평 정도의 3층을 건축할 수 있다. 이 경우 1층은 침실을 비롯한 요양 시설로 사용하고, 2층은 예배당과 사무실 또는 교육관으로 사용하며, 3층은 사택 또는 직원 휴게실 등으로 사용할 수 있을 것이다.

나가는 말

예수님은 목회의 모델이다. 그러므로 주님처럼 목회한다면 이미 성공한 목회이다. 교회당이 보잘것없고, 교인 수도 적고, 그리고 남이 좋아하는 높은 자리에 있지 못하지만, 주님처럼 목회한다면 성공한 목회이다.

만약 주님의 관심 밖이었던 큰 건물과 많은 교인들, 그리고 권세를 얻는 것에 관심을 두는 목회를 성공한 목회라 생각한다면 주님 뜻과는 다른 것이다. 이 생각은 개혁되어야 할 생각이다. 가장 성공하는 목회는 주님처럼 목회하는 것이기 때문이다. 주께서 십자가에 달려 죽기까지 세상을 사랑하셨듯이, 우리도 주님처럼 그렇게 세상을 사랑해야 한다. 이 사역은 선택 사항이 아니라 필수 사역이다. 기회가 오면 하는 사역이 아니라 모든 것보다 먼저 해야 할 사역이다. 그러나 우리 의지와는 상관

없이 어려울 수 있다.

그렇지만 걱정할 것이 없다. 우리나라는 매우 좋은 복지 정책을 가진 나라이기 때문이다. 그중에서도 가장 좋은 복지 정책은 장기 요양 보험법이다. 세계에서 가장 앞선 정책이라 생각한다. 그리고 이 정책은 예수님처럼 사역하기 가장 좋은 정책이다. 이 정책에 의한 사업은 서비스를 받는 세상 사람들뿐 아니라 교인들과 목회자 모두에게 좋은 사업이다. 더욱이 세상을 떠나려는 마지막 장소에 그물을 치고 기다리다가, 그들이 들어오면 따뜻하게 천국으로 안내하는 귀중한 사업이다.

이제 교회는 국가 정책과 함께 주님처럼 세상을 사랑해야 한다. 만약 우리가 이 사업을 선택 사항으로 안다면, 저들의 마지막은 불경 소리 앞이 될지, 이단의 포교 소리 앞이 될지, 아니면 돈벌이의 수단으로 이용당하게 될지 모른다. 그러므로 교회는 국가 정책과 함께 가는 교회가 되어야 한다. 지금 국가 정책은 신고제이지만 머지않아 허가제가 될 가능성이 높다. 포화 상태가 되면 당연히 허가제가 될 것이다.

순천의교회가 한국교회를 향하여 국가 정책과 함께 예수님처럼 섬기자고 외칠 수 있는 교회 되어 참 감사하다. 어떤 분들은 순천의교회쯤 되어야 한다고 말할 수도 있지만, 순천의교회는 그리 넉넉한 교회가 아니었다. 교회당과 지역적인 여건도 부족했지만, 교인들과의 공감대 형성도 해결해야 할 과제였다. 그러나 1998년 부임 초기부터 '다시 거룩한 교회'가 되기 위하여 '다시 종교개혁'을 외쳤다. 이제는 세상을 이처럼 사랑하신 주님처럼 사역하자고 외치는 행복한 교회가 되었다.

주께서는 세상을 주님처럼 사랑하자고 외치는 우리 교회에, 백억 원 이상의 대형 'Night club'을 예배당 건물로 주셨다. 그리고 'Light club'이 되게 하셨다. 지금 순천의교회는 국가 정책과 함께 가는 교회가 되어야 한다고 외친다. 그리고 그 정신으로 목회하겠다고 한다면 마음껏 돕고 싶다. 주께서는 주님처럼 목회하는 목회자 되기 원하심을 확신하기 때문이다.

순천의교회 박만희 목사
전남 순천시 팔마로 163
061-811-1004

일상의 삶으로 복지를 구현하는 교회

| 중촌교회 유수상 목사 |

들어가는 말

2008년 노인 장기 요양 보험 제도가 도입되면서 노인 복지가 유행처럼 퍼지고 있다. 어린이집들이 문을 닫고 노인 복지 사업에 뛰어들고, 값싸게 별 어려움 없이 사회 복지사 자격을 취득하는 길이 열리면서 많은 분들이 노인 복지 사업이 초고령사회에 돈이 되는 사업으로 생각하고 투자를 하고 있다. 교회들도 덩달아 노인 복지 기관을 통해 지역 선교를 위한 거점으로 활용하기 위해 시설을 설립하고 있다. 특히 농촌 교회의 경우 고령화 비중이 높아 교회가 성도와 지역 주민을 대상으로 장기 요양 사업이나 재가 노인 지원 사업을 통해 사역의 영역을 넓혀 가고 있다. 이십 년 전 할머니 성도 한 분이 교회를 지키는 산간 오지의 농촌 미자립 교회에 부임하여 지금까지 사역한 내용을 중심으로 이야기를 풀어 보려 한다.

1. 교회 현황과 지역 사회의 현황에 대하여

1984년 2월에 설립된 중촌교회는 경남 거창군 가북면 중촌리에 위치한 교회로 경남의 서북부 지역에서 오지 마을에 속한 농촌교회이다. 내가 부임할 당시 79세 할머니 한 분이 교회를 지키고 계셨고, 자립 대상 교회로 열악한 환경과 조건 속에서도 앞서 시무한 많은 목회자들의 헌신적인 노력이 마을 주민들 고백 속에서 잘 나타나 있었다.

지금은 이십여 명의 성도들과 함께 '세상의 중심, 마을의 중심' 중촌교회가 되고자 '하나님과 더불어 이웃과 함께 아름다운 세상을 만드는 교회'로 자리매김하고 있다. 현재 중촌교회를 통해 운영 지원하는 사회 복지 기관은 우리 교단의 사회 복지법인 한국장로교복지재단에 속한 '거창노인통합지원센터'와 교회와 지역 사회의 구성원들이 참여하는 사회 복지법인 이웃사랑복지재단의 중증 장애인 거주시설인 '월평빌라'와 '거창효노인통합지원센터'가 있으며, 함께 동역하는 직원이 180여 명이다.

2. 농촌에서 노인복지를 시작하게 된 동기 및 배경

잘 나가던 직장을 접고 신학교 문을 두드렸다. "하나님 저는 생명이 살아 숨 쉬는 공간으로 가렵니다. 그곳에서 민초들과 함께 나의 삶을 나누렵니다." 1998년 1월 목사 안수를 앞둔 시점 주위 분들의 만류를 뿌리치고 산골 거창에 자리를 잡았다. 처음 시골에서 목회하기로 결심한 이유는 농민운동을 위함이었다. 갈수록 힘든 농촌의 현실과 많은 사람들이 도시로 모여 제대로 숨조차 쉴 수 없는 각박한 세상, 풀 한 포기조차 살아갈 여유가 없는 도시가 싫어서 농촌의 변화와 나 또한 농촌에서 여유를 가지며 아이들에게도 자연과 더불어 교육하면 좋겠다 싶어 과감히 길을 나섰던 것이다.

막상 농촌의 현실은 도시에서 바라보았던 것과는 많은 거리가 있었다. 전원에서 여유를 갖고 즐기며 아이들을 가르치겠다는 꿈은 첫 아이 초등학교 입학식장에서 여지없이 깨졌다. 입학생 12명 중 2/3가 도시에서 부모가 이혼하고 할머니나 할아버지에게 보내진 아이들이었다. 또 농민들과 더불어 농사지으며 지역 경제를 한번 활성화시켜 봐야지 했던 포부는 농협을 만나면서 한계에 부딪쳤다. 그러나 이로 인하여 오히려 내가 할 일이 분명해짐을 느낄 수 있었다.

마을 어디를 가나 막걸리 잔에 고스톱 판을 벌린 노인들만 가득한 모습, "젊은이들은 떠나고 나이든 우리가 무슨 꿈이 있노?" 하시면서 한숨짓는 어르신을 보며 '내가 저들의 이웃이 되어야겠다.'라는 각오를 했다. 어떻게 이웃이 될 것인가, 무엇으로 저들에게 다가갈 것인가 고민하기 시작하며 사회 복지 공부를 해야겠다는 결정을 하고, 교단 신학대학 중 사회 복지과를 운영하고 있는 전주의 한일장신대에 편입하여 사회 복지 공부를 시작했다. 이후 한남대학에서 상담학 석사와 국립목포대학에서 사회 복지 박사과정을 수료했다. 길다면 길고 짧다면 짧은 20년간의 농촌목회 생활과 농촌 복지를 실천했던 이야기를 중심으로 새롭게 농촌 복지(노인 복지)에 관심을 가진 이들과 상황이 비슷한 현장의 농촌 지역의 동역자들에게 좋은 안내 자료가 되었으면 한다.

3. 본 교회의 노인목회 내용 및 프로그램

부임 당시 35살의 오만 방자함과 패기로 똘똘 뭉쳐져 '나는 어디에 굴러 떨어져도 해 낼 것이다.' 하고 사기 충천해 있었다. 감나무 아래 누워 감 떨어지기만을 기다리기에는 필자의 나이가 너무 젊었다는 것이다. 그러나 자립 대상 교회에서, 목회자의 기본 생활비도 해결하기 어려운 상황에서 사회 복지 사역을 시작하기란 결코 쉬운 일이 아니었다. 그렇다고 그냥 시간만 흘러 보내기에는 그간 준비해 온 농촌목회의 자료들을 사장하는 것이 아닌가 싶어서, 집사람과 둘이서 할 수 있는 일을 찾았다. 그리고 할 수 있는 분량을 정해 무리하지 않게 한 걸음 한 걸음 지나다 보니 20년에 가까운 시간이 흘렀다. 그동안 작은 결과물과 또 계속 진행 중인 사역과 지역민들과 함께 삶을 나눈 부분들을 조심스레 소개하려고 한다.

첫째, 농촌에서의 복지 사역 기본은 '재가 복지 사역'이다. 주민들이 교회를 잘 나오지 않으니 내가 찾아가는 것이 최선의 방법이었다. 대부분의 주민이 노인들이라 그분들의 삶에 깊이 다가가기 위해 거동이 불편한 분들을 위한 소규모 생활공동체를 만들고자 했다. 이를 위해 초등학교 폐교를 임대하고 시설을 준비했으나, 농촌 어르신들의 정서로는 당신의 집을 떠나 생활한다는 것이 얼마나 힘든 결단인가를 알 수 있었다.

이후 '찾아가는 목회(복지), 생활 속에 함께하는 목회(복지)'를 목표로 재가 복지 봉사 센터를 만들고 마을에 접근하기 시작했다. 교회 이름 아래 부설 기관으로 '재가 복지 봉사 센터'라는 문구를 적어 승합차에 붙이고 다니자 많은 분들이 물어 오기 시작했다. 20년 전에는 재가 복지라는 단어조차 생소했기 때문이다. 그래서 '재가 복지'라고 쓴 한 단어가 지역 주민들을 결집시키는 중요한 역할을 했다. 지금은 교회가 직접 사역을 하기보다 두 곳에서 재가 노인 복지 기관을 운영하며, 노인 돌봄 기본 사업과 노인 돌봄 종합 사업(사회 서비스), 장기 요양 사업의 주야간 보호 센터, 방문 요양, 방문 목욕, 예방적 사업의 재가 노인 지원 사업, 그리고 노인 장애인 응급 안전 시스템 사업을 체계적으로 운영하고 있다.

초창기에 프로그램을 시작할 때 면사무소 복지사를 통해 지역 대상자를 추천받아 가정 방문을 통해 그들의 필요를 찾았다. 가장 시급한 문제가 목욕이었다. 하루에 버스가 4번 정도 왕래하고 거동하기가 힘들어 목욕을 하는 일은 일 년에 서너 차례가 전부란 말을 들었다. 우선은 와상 어르신을 제외하고 거동이 가능한 어르신 여섯 분을 한 조로 두 팀을 만들었다. 9월에서 이듬해 6월까지는 격주로, 7월, 8월은 월 1회를 주기로 목욕 팀을 만들었다. 지역 목욕탕의 협조를 통해 목욕비를 할인 받고 목욕의 기쁨을 드릴 수 있었다.

둘째, 밑반찬 제공이었다. 농촌의 특성상 채소류는 자기 손으로 농사해 자급자족하는 편이나 반찬의 다양함이 없으며, 홀로 식사를 하기 때문에 양과 질적인 면에서 제대로 만들어진 반찬을 접하기가 어렵다. 어르신들의 치아 건강을 생각해 딱딱하지 않고 부드러우면서 맛과 영양가 있는 반찬을 격주로 제공하였고, 처음에는 5가정이 참여하기 시작하여 이후 40여 가정으로 늘어났다.

셋째, 병원 동행 서비스이다. 농촌 어르신들의 공통적인 질병이 몇 가지 있는데 관절염, 고혈압, 당뇨, 백내장이다. 이 질병들은 꾸준히 평소에 관리해야 하는 병이다. 지역의 보건 진료소가 방문 간호 사업을 수행하고 있지만, 진료 수준이 낮고 병원의 접근성이 떨어지므로(읍내까지 1시간 버스로 이동) 이들을 모시고 지역 내 분야별로 이름 있는 의사를 찾아 개인별 질병 관리를 하고 있다. 가깝게는 거창, 멀리는 서울, 여수, 부산 등지에 있는 명의에게 찾아가기도 했다.

넷째, 이미용 지원 서비스이다. 와상 노인이나 거동이 불편한 장애인, 한 부모 세대 아동들을 중심으로 월 1회 거창 지역의 이미용 봉사자들이 정기적으로 수고를 해 주었다.

다섯째, 문화적 욕구를 충족시키는 프로그램이다. 농촌 어르신들의 다양한 문화적 욕구가 무엇인지 파악해 본 결과 경로당 중심의 소규모(10명 내외) 야외 나들이와 농한기에 즐길 수 있는 프로그램이 없었다. 우선 동네 경로당별로 일 년에 두 차례 당일로 다녀올 수 있는 관광코스를 알리고 신청을 받아 산골을 벗어나 외부 문화를 접할 수 있는 기회를 제공하고 있다. 또한 위성 방송이 보급되기 전까지는 TV 난시청 지역이었던 터라 공시청 안테나를 달아 난시청 해소에 노력했으며, 영화 등의 관람 문화를 위한 시설이 없었기 때문에 우선은 프로젝터를 구입하여 80인치 대형 화면에 영화, 국가적 주요 행사나 스포츠 경기를 중계함으로써 지역 주민이 함께하는 자리를 자주 만들었다. 여기에서 새로운 욕구를 찾고 파악함으로써 향후 필요한 서비스와 지난 서비스의 평가를 점검 할 수 있었다.

여섯째, 지역에서 마을 단위 축제 행사를 추진했다. 선교하는 11개의 자연 마을이 있다. 일 년에 한두 차례 정도 지역 주민들을 초대해 위로하고 마을 대항 노래 자랑 대회, 윷놀이 대회, 게이트볼 대회 등과 같이 함께할 수 있는 놀이 문화의 장을 마련하여 단결하고 서로를 돌아보는 프로그램이다. 현재는 교회가 주최하기보다 면단위 사업에 교회가 협력하는 방향으로 전환되었다.

일곱째, 지역 생산물의 직거래 운동이다. 농가의 소득과 직결된 부분으로 농산물 가격이 비싼 경우는 외지 상인의 밭떼기에 피해를 보고, 가격이 낮으면 판로를 찾지 못해 밭에서 폐기 처분하는 안타까운 모습이 해마다 되풀이되는 것을 보고 도시와 직거래하는 방법을 모색하던 과정에서 시작하였다. 현재는 적은 규모지만 일부 농산물로 직거래 운동을 실시하고 있다. 앞으로 이 분야에 관심을 갖고 집중을 해 보고자 한다.

여덟 번째, 지금은 중단되었지만 지역 아동을 위한 프로그램이었다. 부임하고 10여 년 동안 어린이 도서관, 방과 후 공부방, 계절별 테마 학습 여행, 컴퓨터, 피아노 등을 가르치며 아이들이 미래를 준비하도록 꿈을 키워 주는 사역을 했다. 지금 우리 집 늦둥이가(중학교 3학년) 마을의 유일한 학생이다. 당시에 주일학교에 다닌 학생이 사회 복지를 전공하고 교회가 설립하여 운영 중인 기관에서 일하고 있으며, 불신자로 입사한 기관의 직원 가운데 몇 분이 교회에 출석하고 있다.

아홉째, 지역 주민 조직화와 자원 개발이다. 사역에 동참할 일꾼이 부족한 가운데 여러 가지 행사와 지역 사회를 섬기는 일을 하기란 쉽지 않다. 이를 극복하기 위해 지역 주민들을 교회가 하는 일에 동역자로, 협력자로 만들기로 했다. 우선은 지역 내 사회단체에 가입하여 활동하였다. 자원은 가만히 앉아 개발할 수 없다. 발로 뛰어다녀야 한다. 많은 사람들과 만나 정보를 공유하고, 하고 있는 일에 대한 이해와 협조를 구해야 한다.

첫째, 자원은 공공기관의 담당자와의 협력이며,

둘째, 자원은 지역 내 봉사 단체와의 연계이며,

셋째, 자원은 지역 내 다양한 직업 계층의 인적 자원과의 교류이다.

이들이 기독교인은 아니지만 교회가 행하는 프로그램에 내 일처럼 발 벗고 나서고 있다.

열 번째, 사모의 역할이다. 아내는 20년 동안 현재 11개 마을 경로당을 주 5일 동안 방문하여, 노인 건강 체조와 다양한 생활 교육 프로그램을 운영하며 지역 주민들과 밀착된 서비스를 제공한다. 2007년부터는 독거노인 생활 관리사로 활동하며, 지역의 어르신들 가운데 중점 관리가 필요한 어르신들의 손발이 되어 사역하고 있다.

이외에도 기관에서 운영 중인 사업의 내용을 소개하려면 프로그램은 전문화되어 있고 방대한 분량이라 모두 지면에 담기가 어렵다. 일부만 여기에 공개하고, 혹시 기관을 설립하기 위해 준비하는 분들은 개인적으로 연락하면 파일을 따로 제공하려고 한다(ds5obr@hanmail.net).

1) 주간 보호 센터의 월간 프로그램 예시

	월	화	수	목	금	토
	1일	2일	3일	4일	6일	7일
오전	기초 건강 체크, 월요일 아침 인사, 남자 어르신 목욕, 개인 위생 관리	기초 건강 체크, 여자 어르신 목욕, 개인 위생 관리	기초 건강 체크, 여자 어르신 목욕, 개인 위생 관리	기초 건강 체크, 건강 체조	기초 건강 체크, 건강 체조	기초 건강 체크, 건강 체조
오후	찻집, 힘뇌체조, 눈싸움 색칠하기, 건강체조, 가족에게 전화 걸기	찻집, 힘뇌체조, 옛음식 회상하기, 생활체조, 산책	찻집, 생신잔치, 노래자랑, 산책	찻집, 음악치료, 힘뇌체조, 찰흙으로 겨울용품 만들기, 화투 놀이, 산책	찻집, 힘뇌체조, 스크래치, 후마네트, 산책	찻집, 힘뇌체조, 노래 자랑, 뱀주사위놀이, 장기/바둑, 산책
	9일	10일	11일	12일	13일	14일
오전	기초 건강 체크, 월요일 아침 인사, 건강체조	기초 건강 체크, 남자 어르신 목욕, 개인 위생 관리	기초 건강 체크, 여자 어르신 목욕, 개인 위생 관리	기초 건강 체크, 중동어린이집(딸기 고구마 샐러드 케이크 만들기)	기초 건강 체크, 생활 체조	기초 건강 체크, 동구쟁이 동아리

오후	찻집, 생신 잔치, 노래 자랑, 풍선 배구, 가족에게 전화걸기	찻집, 힘뇌체조, 올바른 세배 순서 찾기, 건강 체조, 산책	찻집, 힘뇌체조, 리본 묶기, 건강 체조 산책	찻집, 음악 치료, 웃음 코칭 운동, 경희한의원, 산책	찻집, 힘뇌체조, 데칼코마니, 세라밴드 체조, 산책	찻집, 힘뇌체조, 노래자랑 윷놀이, 장기/바둑, 산책
	16일	17일	18일	19일	20일	21일
오전	기초 건강 체크, 월요일 아침 인사, 이미용 봉사, 소방교육, 건강체조	기초 건강 체크, 남자 어르신 목욕, 개인위생 관리	기초 건강 체크, 여자 어르신 목욕, 개인위생 관리	기초 건강 체크, 건강 체조	기초 건강 체크, 건강 체조	기초 건강 체크, 건강 체조
오후	찻집, 힘뇌체조, 물고기 자리 색칠하기, 공 튕겨서 주고받기, 가족에게 전화 걸기	찻집, 힘뇌체조, 윷놀이 회상하기, 생활체조, 산책	찻집, 생신 잔치(이광술 어르신), 노래 자랑, 건강 체조, 산책	찻집, 음악 치료, 힘뇌체조, 주먹밥 만들기, 고리 던지기, 산책	찻집, 힘뇌체조, 낙상 예방교육, 노래 자랑, 소고 두드리기, 산책	찻집, 힘뇌체조, 노래 자랑, 뱀주사위놀이, 장기/바둑, 산책
	23일	24일	25일	26일	27일	28일
오전	기초 건강 체크, 월요일 아침 인사, 건강체조	기초 건강 체크, 남자 어르신 목욕, 개인위생 관리	기초 건강 체크, 여자 어르신 목욕, 개인위생 관리	기초 건강 체크, 건강 체조	기초 건강 체크, 건강 체조	기초 건강 체크, 건강 체조
오후	찻집, 힘뇌체조, 눈사람 색칠하기, 공 굴리기, 가족에게 전화 걸기	찻집, 힘뇌체조, 도개걸윷모 동물 이름 찾기, 생활 체조, 산책	찻집, 힘뇌체조, 먹물 난화 그리기, 건강 체조, 산책	찻집, 음악 치료, 힘뇌체조, 고리 만들기, 블록 쌓기 놀이, 산책	찻집, 생신잔치(홍춘식 어르신), 노래 자랑, 수건 체조, 산책	찻집, 힘뇌체조, 노래 자랑, 윷놀이, 장기/바둑, 산책

2) 주간 보호 센터의 주간 일정표

(1) 프로그램 제공 원칙

① 프로그램은 어르신의 상태에 따라 개별 혹은 집단으로 운영

② 어르신 한 분이 일주일에 5일 이상 하루 최소 2종 이상의 프로그램에 참여하도록 유도

③ 이환 질환에 관계없이 인지 자극(음악, 미술, 요리, 원예, 회상)과 신체 기능 훈련 프로그램 한 가지 이상 배치
④ 노인에게 적응 증상이 있고 적정 인력이 있는 경우에는 전문 간호, 물리 및 작업 치료 함께 시행
⑤ 쉬운 것으로 시작하고 점차 적절한 단계로 높임.
⑥ 집단 프로그램은 비교적 유사한 인지, 신체 상태의 어르신들로 집단 구성
⑦ 프로그램 시간을 기본 15분 이상으로 하되 총 20~30분 정도가 적당(상태에 따라 조절)
⑧ 프로그램 수행에 앞서 기본적으로 지남력, 기억력, 주의 집중력 향상을 위한 활동 수행

(2) 프로그램 일정표 – 주 · 야간 일정표

시 간	내 용
08 : 20~09 : 30	이동 서비스/인사 나누기/ 담소
09 : 30~10 : 30	출석/오전 간식/기초 건강 체크/기저귀 케어

	(간단한 아침 모임)
10 : 30~11 : 20	맨손 체조/노인 건강 체조/원가(민요) 부르기
11 : 20~12 : 00	일상생활 지도(화장실 다녀오기, 기저귀 케어 등)
12 : 00~12 : 40	점심 식사
12 : 40~13 : 20	일상생활 지도(구강 청결, 투약)
13 : 20~14 : 30	개별 운동 및 건강 증진/기저귀 케어(낮잠/물리 치료/산책 등)
14 : 30~15 : 00	맛있는 간식
15 : 00~16 : 30	계획 안에 따른 오후 프로그램
16 : 30~16 : 50	일상생활 지도(화장실 다녀오기, 기저귀 케어 등)/개인 휴식 및 정서 지원
16 : 50~17 : 20	저녁 식사/일상생활 지도(구강 청결, 투약)
17 : 20~18 : 30	업무 정리 및 마무리/오후 이동 서비스

4. 노인목회의 예산 및 결산

예산과 결산을 표기하기가 참 어렵다. 교회와 운영 중인 기관의 재정 및 운영은 분리되어 있기 때문이다. 교회 예산에서 복지 사역으로 사용되는 부분은 장로교복지재단의 법인에 운영 지원 교회가 분담해야 할 예산이 전부이다. 초창기에 기관을 설립하기 전까지는 교회 예산의 90% 이상이 사역비로 사용되었다.

그리고 현재 운영하는 사회 복지 기관의 예결산은 상당히 복잡한 구조를 가지고 있고 이 예결산이 사역의 초기 단계에서 실시할 수 있는 규모를 넘어서기에 별 의미가 없는 자료가 될 것 같다. 하지만 현재 내가 직접 원장으로 급여를 받고 있는 거창효노인통합지원센터의 예산자료를 공개하겠다.

1) 2016년 결산보고 총괄(거창효노인통합지원센터)

기간 : 2016년 1월 1일~12월 31일

<table>
<tr><th></th><th>자금원천</th><th>수 입</th><th>지 출</th><th>잔 액</th><th>비 고</th></tr>
<tr><td rowspan="4">수입내역</td><td>보조금</td><td>223,560,596</td><td>221,882,789</td><td>1,677,807</td><td rowspan="4">전년도 이월금
1. 보조금(재가 지원 1,677,807원 반납 예정)
2. 보조금 예금 이자 (재 가 지 원 32,037원, 종사자수당 10,608원, 등외자주간 13,072원 반납 예정) 포함</td></tr>
<tr><td>보조금 (예금 이자)</td><td>101,864</td><td>46,147</td><td>55,717</td></tr>
<tr><td>사업, 기타 수입</td><td>920,375,415</td><td>858,291,816</td><td>62,083,599</td></tr>
<tr><td>후원금</td><td>17,443,014</td><td>9,482,705</td><td>7,960,309</td></tr>
<tr><td></td><td>합 계</td><td>1,161,480,889</td><td>1,089,703,457</td><td>71,777,432</td><td></td></tr>
</table>

<table>
<tr><th></th><th>관</th><th>항</th><th>지출 항목</th><th>금 액</th><th>비 고</th></tr>
<tr><td rowspan="15">지출내역</td><td rowspan="15">사무비</td><td rowspan="6">인건비</td><td>급 여</td><td>557,815,490</td><td></td></tr>
<tr><td>제수당</td><td>146,295,430</td><td></td></tr>
<tr><td>일용 잡급</td><td>1,185,000</td><td></td></tr>
<tr><td>퇴직금 및 퇴직적립금</td><td>57,023,636</td><td></td></tr>
<tr><td>사회보험 부담금</td><td>60,517,665</td><td></td></tr>
<tr><td>기타 후생 경비</td><td>19,356,850</td><td></td></tr>
<tr><td rowspan="2">업무추진비</td><td>기관 운영비</td><td>2,645,000</td><td></td></tr>
<tr><td>회의비</td><td>4,139,640</td><td></td></tr>
<tr><td rowspan="7">운영비</td><td>여 비</td><td>2,703,500</td><td></td></tr>
<tr><td>수용비 및 수수료</td><td>21,625,180</td><td></td></tr>
<tr><td>공공요금</td><td>14,265,440</td><td></td></tr>
<tr><td>제세 공과금</td><td>6,686,720</td><td></td></tr>
<tr><td>차량비</td><td>11,877,860</td><td></td></tr>
<tr><td>기타 운영비</td><td>4,849,310</td><td></td></tr>
</table>

	재산 조성비	시설비	시설비	21,581,450	
			자산 취득비	32,848,469	
			시설 장비 유지비	12,403,740	
	사업비	운영비	생계비	40,692,110	
			수용 기관 경비	2,878,810	
			의료비	568,890	
			연료비	6,027,930	
		사업비	일상생활 지원 사업 사업비	10,985,640	
			명절, 김장 사업 사업비	4,570,000	
			정서 지원 사업비	4,533,250	
			여가 활동 지원 사업비	4,214,490	
			주거 환경 개선 지원 사업비	844,550	
		주간 보호 사업비	주간 보호 프로그램 등 사업비	10,633,175	
		방문 요양 사업비	방문 요양 프로그램 등 사업비	1,893,880	
	잡지출	잡지출	잡지출	0	
	예비비 및 기타	예비비 및 기타	예비비	0	
			반환금	40,352	
	적립금	운영 충당 적립금	운영 충당 적립금	24,000,000	
	합 계			1,089,703,457	

2) 2017년 예산 보고 총괄(거창효노인통합지원센터)

기간 : 2017년 1월 1일~12월 31일

	자금 원천	수 입	지 출	잔 액	비고
수입내역	보조금	229,759,706	229,759,706	0	
	보조금 (예금 이자)	52,000	52,000	0	
	사업, 기타 수입	1,026,094,670	1,026,094,670	0	
	후원금	13,810,000	13,810,000	0	
	합 계	1,269,716,376	1,269,716,376	0	

	관	항	지출항목	금 액	비고
지출내역	사무비	인건비	급여	664,337,720	
			제수당	164,587,180	
			일용잡급	0	
			퇴직금 및 퇴직적립금	68,315,820	
			사회보험부담금	62,231,640	
			기타후생경비	32,870,000	
		업무추진비	기관운영비	5,400,000	
			회의비	8,840,000	
		운영비	여비	4,628,000	
			수용비 및 수수료	23,868,400	
			공공요금	11,526,200	
			제세공과금	7,668,000	
			차량비	17,250,000	
			기타운영비	8,000,000	
	재산 조성비	시설비	시설비	6,873,700	
			자산취득비	1,300,000	
			시설장비유지비	10,098,000	
	사업비	운영비	생계비	50,372,000	

			수용기관경비	2,400,000	
			의료비	856,000	
			연료비	7,290,000	
		사업비	일상생활 지원 사업 사업비	11,388,000	
			명절, 김장 사업 사업비	3,980,000	
			정서 지원 사업비	3,843,600	
			여가 활동 지원 사업비	3,410,000	
			주거 환경 개선 지원 사업비	1,232,000	
		주간보호사업비	주간 보호 프로그램 등 사업비	19,394,000	
		방문요양사업비	방문 요양 프로그램 등 사업비	8,599,000	
	잡지출	잡지출	잡지출	47,000	
	예비비 및 기타	예비비 및 기타	예비비	11,069,660	
			반환금	40,456	
	적립금	운영 충당 적립금	운영 충당 적립금	48,000,000	
	합 계			1,269,716,376	

5. 노인목회의 성과와 부족한 점(아쉬운 점), 앞으로의 해결 과제, 향후 계획

사실 우리 교회는 이제 사역이 기관 중심으로 전환이 되어 있다. 그러면서 늘 겪는 딜레마가 지역교회 목회자인가 기관 사역자인가이다. 그럴 때마다 스스로에게 질문을 던지고 스스로 대답한다. "나는 기관 사역자가 아니라 지역교회 목회자로서 기관을 통해 지역을 만나고 디자인을 하는 목회자다." 혹자는 특수목회를 한다고 한다. 그렇게 보일 수도 있겠다 생각한다. 하지만 나는 농촌이라는 지역에 바탕을 두고 농촌 현장과 상황에 접근하는 방법으로 노인 복지를 통하는 것이지 노인 복지 자체가 궁극적인 목적이 아니기에 나는 평범한 농촌 목회자로 산다고 고백한다.

기관 사역의 범위와 규모가 커졌다. 이것이 한계이다. 다시 마을로 스며드는 작업을 준비한다. 최근 3년 동안 농림부에서 주관하는 농촌 중심지 개발 사업의 중앙 계획 지원단의 일원으로 참여하면서 농촌 마을 만들기에 대한 강의와 실천 사례들을 소개하고 있다. 또 전국의 지방자치단체의 사업에 자문을 하고 있다. 이런 노하우를 바탕으로 내가 살아가는 마을에 대한 새로운 디자인을 하고 있다. 주민들과 함께 고민하고 마을을 통해 사람이 살고, 교회를 통해 영혼이 살아나는 꿈을 꾸어 본다.

나가는 말

20여 년간 야전에서의 경험으로 몸에 체득한 것은 "그들의 옷을 입자!"는 것이다. 필자는 주일 낮 예배를 제하고는 양복을 거의 입지 않는다. 골짜기를 다니다가 언제든지 논두렁 밭두렁에 걸치고 앉아 주민을 만나야 하기 때문이다. 혹 어떤 분은 산골 사는 시골 목사가 양복 한 벌 못 사 입는 줄 알고 양복을 보내 오는 분도 계셨다. 그들의 옷을 입는 이유는 그들의 눈높이에서 우리 삶의 자리를 바라보고 생각할 때 그들의 삶을 발견할 수 있고, 이를 현장 목회에 적용하는 적용점이 나오기 때문이다.

그리고 뜨거운 사랑과 미소를 잃지 말자는 것이다. 사역이 힘들수록 사랑하고 미소를 잃지 않을 때 하나님은 더 많은 위로와 채우심으로 함께하셨다.

늘 웃음을 잃지 않는 당신의 삶이길 바랍니다.
사랑합니다.
감사합니다.
행복합니다.
오늘도 열심히 달렸습니다.

중촌교회 유수상 목사
경남 거창군 가북면 동촌길 59-7
055-944-0458

노인복지시설을 통한 농어촌목회

| 작은예수공동체 손주완 목사 |

들어가는 말

'노인 복지'는 오늘 이 시대의 중요한 주제이다. 한국 사회는 이제 고령사회[1]를 맞이하게 되었다. 고령사회가 된다는 것은 많은 사회적 문제와 과제를 발생시킨다. 특히 농촌 지역 사회의 경우 고령사회로의 진입은 벌써 이루어졌다. 농촌은 현재 약 35%가 노인 인구이고, 실제 노인 인구의 비율은 이미 60%를 넘었다고 해도 과언이 아니다. 그러므로 농촌 지역에서의 '노인 문제'는 정부와 지역 사회뿐만 아니라 농촌교회

1) 65세 이상의 노인 인구가 그 국가의 전체 인구 중에서 차지하는 비율이 7%일 때 고령화사회, 14%일 때 고령사회, 20%일 때 초고령사회라고 말한다. 한국은 2017년에 14%에 진입할 것으로 예상하고 있다.

들에게도 관심의 대상이 되는 문제이다.

'사회 복지' 분야에서 '노인 복지'의 영역은 그동안 많이 발전되어 왔다. 이미 인구의 25%가 노인 인구가 된 일본 사회의 경우, '노인 복지' 분야는 노인 주거 복지, 노인 의료 복지, 노인 여가 복지, 노인 재가 복지, 노인 일자리 창출, 노인 복지 산업 등 다양한 형태로 발전을 거듭하고 있다. 한국 사회는 2000년대에 들어서면서 노인 복지에 대한 관심이 높아 가고 있는 실정이다. 과거에는 노인 복지가 양로원 등 입소 시설을 통한 서비스의 전달 체계였다면, 오늘날의 노인 복지는 입소 시설,[2] 재가 시설, 노인교실, 노인 복지관, 노인 인권 보호, 노인 고용 증대 등 다양한 형태로 나타나고 있다.

고령사회의 이러한 변화는 농촌 지역 사회에 영향을 미치게 되고, 농촌교회는 그러한 사회적 변화에 부응(副應)해야 하는 선교적 과제를 고민하게 된다. "농촌교회와 노인목회"라는 주제는 불가분(不可分)의 관계가 된 것이다. 그러므로 농촌교회와 농촌 목회자는 '노인목회' 또는 '노인 복지 선교' 등의 주제에 대해 깊이 연구하고 준비해야 하는 시대적 소명을 받게 된 것이다.

1. 지역 사회에 대한 고찰(考察)

본 교회(공동체)가 위치하고 있는 곳은 행정구역상 강원도 원주시 귀래면 주포리이다. 원주는 강원도의 대표 도시[3]이며, 강원도 남쪽에

---

2) 보건복지부는 2002년부터 준비하여 2008년 7월 1일 '노인 장기 요양 보험 제도'를 시행하였다.

3) 강원도의 도청 소재지는 춘천이지만, 원주는 강원도에서 시군구 중 가장 많은 인구가 거주하고 있고, 역사상 강원감영이 위치한 곳이다. 현재 기업 도시, 혁신 도

위치하고 있으나, 강원도와 경기도 그리고 충청도와 경상도로 연결되는 교통과 물류의 중심지이기도 하다. 원주는 도농 복합 도시로서 도시와 농촌이 공존(共存)하고 있는 지역이다. 귀래면(貴來面)[4]은 원주의 9개 읍면 지역 중 인구가 가장 적은 지역이다. 전형적인 농촌 지역이며, 면사무소와 보건지소, 우체국, 농협 등이 있다. 그리고 초등학교와 중학교[5] 각 1개교와 약 4~5개의 교회가 있다. 최근 농촌 지역에 새로 개척되는 교회들이 있으나, 대부분은 지역 사회와 연관을 맺지 못하는 경우가 많으며, 전통적으로 지역 사회와 밀접한 관계를 맺은 교회는 1~2개에 불과하다. 주민들의 대다수는 농업에 종사하고 있고, 면 소재지를 중심으로 상업에 종사하는 주민들이 있으며, 귀농이나 귀촌의 형태로 유입된 일부의 주민들과 결혼 이주민으로 이주해 온 다문화가정들이 있다.

지역 사회에서 사회 복지의 관점으로 본다면 대상자의 분류에 따라 노인, 아동, 다문화 가정 등으로 나누어 볼 수 있다. 특히 노인에 대한 복지 욕구는 점점 증가하고 있는 추세이다. 농촌 지역에서 오랜 기간 동안 살았던 주민들은 노인이 되고, 거동이 불편하게 되면 자녀들이 살고 있는 도시 지역으로 이동하는 경우가 많다. 하지만 농촌생활에 익숙해져 있는 노인들은 복잡한 도시에서의 거주와 요양 시설 등의 입소에 부적응 상태를 보이는 경우가 종종 있다. 결국 농촌의 노인들에게 가장 적합한 노인 복지 시스템이 필요한 것이다. 평생을 농업에 종사하고,

---

시 등 지역 사회의 발전 요인이 증가하고 있는 도시이다.

4) 약 400여 년 전부터 '귀래면'이라는 명칭을 사용하였다고 하며, 귀할 貴 자와 올 來 자를 사용한 것은 신라 말 경순왕이 이 지역에 살았다는 전설로 인해 생겨난 지명이라고 한다. 2015년 12월 31일 기준 인구수는 2,125명이다.

5) 필자의 장남(1991년생)이 귀래초등학교를 다닐 때만 해도 본교 1개교와 분교 1개교가 있었으며, 정원은 약 140여 명 정도였으나 현재는 약 40여 명에 불과하다. 중학교의 경우 전교생이 약 20여 명 정도이다.

농촌의 마을공동체를 벗어나지 않았던 노인들이 신체적 기능의 노화와 노인성 질병 등으로 인해 거동이 불편하게 되었을 때, 자신의 삶의 터전과 고향을 떠나는 것은 고통이다. 정서적 괴리감(乖離感)은 육체적 질병보다 더 큰 어려움이다.[6] 그러므로 농촌의 지역 사회 속에서 노년의 마지막 시간들을 보낼 수 있는 노인 복지 시스템이 필요한 것이다. 내가 살아온 마을에서 계속 살면서, 지역 사회의 이웃과 친지, 그리고 가족과 지속적인 유대관계를 형성하면서 사는 것이 필요하다. 여기에 농촌교회의 역할에 대한 접촉점이 있다. 농촌교회는 이미 초고령사회가 되었다. 농촌교회는 교인들을 위한 노인 복지뿐만 아니라 지역 사회 주민들을 위한 노인 복지의 역할을 감당할 수 있다.

2. 교회(공동체) 현황에 대하여

본 교회(공동체)는 1991년 5월 18일(1990년 8월부터 준비)에 '김점희'라는 노인이 공동체의 식구가 되면서 시작되었다. 초창기에는 주로 소외된 노인들과 기초 생활 수급자 등 가정적, 경제적으로 어려운 노인들이 주로 생활하였다. 그 당시만 해도 한국 사회에서 노인 복지 분야는 사회 복지 법인을 중심으로 한 노인 복지 시설(양로원)이 대부분이었다. 사회적으로 볼 때 노인 인구의 증가 속도에 비해 노인 복지 영역이 충족시켜 주지 못하는 실정이었다. 그러다 보니 민간 단체와 종교 단체에서 소외된 노인들을 돌보는 일들을 하게 된 것이다. 본 교회(공동체)도 그러한 시대적 사명에 따라 '작은예수공동체'를 시작하게 된 것이다.[7] 25년

---

6) 노인 복지에서 노인의 4가지 고통을 이야기할 때 '빈곤, 질병, 고독(외로움), 무위(역할 없음)'를 말한다. 이 중에서 특히 '고독', 즉 '외로움과 소외감'은 노인들이 겪는 가장 큰 고통이다.

의 세월이 흐른 지금의 작은예수공동체는 노인 복지 시설의 면모를 갖추고 있다.

명 칭	작은예수공동체
분 류	노인 주거 복지 시설(개인운영신고시설, 신고번호 강원-원주-20060224-017호) 노인 의료 복지 시설(개인운영신고시설, 신고번호 강원-원주-20081202-001호)
설립일	1991년 5월 18일
현 원	총 14명(노인 요양 공동 생활 가정 9인, 노인 공동 생활 가정 5인)
직 원	시설장 1인, 사회 복지사 1인, 간호사 1인, 간호 조무사 2인, 요양 보호사 3명, 조리원 1인[8]
특 성	노인성 질환, 중풍, 치매 등(어르신들의 생활 보호)
대표자	손주완 목사(강원노회 전도 목사, 1급 사회 복지사)[9]
주 소	강원도 원주시 귀래면 미륵산길 384-5(033-764-3594)
규 모	대지 500평(생활동 A 88평, 생활동 B 36평)

행정적 개념으로 정리해 본다면 생활 시설인 노인 의료 복지 시설과 노인 주거 복지 시설로 구분되어 있다. 노인 의료 복지 시설은 노인 요양 공동생활 가정이며, 노인 주거 복지 시설은 노인 공동생활 가정이다. 공동생활 가정(그룹홈)은 입소 인원이 5~9인으로 가정과 같은 형태의

7) '작은예수공동체'는 현재 예배공동체와 생활공동체를 동시에 운영하고 있는 것이다. 그러므로 제도적 의미의 교회는 아니지만 공동체적 의미의 교회라고 정의할 수 있다. 이것은 '교회론'에 대한 해석의 유연성을 통해 의미를 부여할 수 있다.

8) 종사자 총 9인 중 사회 복지사 1인과 간호사 1인은 파트타임 종사자이다. 본 시설은 노인 복지법상 종사자 충족 기준보다 2인을 추가 배치하였다. 종사자들은 주로 지역 사회에서 출퇴근하며, 교인과 비교인으로 구성되어 있다.

9) 서울 중앙고등학교 졸업, 장로회신학대학교 신학과(Th. B. 신학사) 및 신학대학원(M. div. 목회학 석사) 졸업, 상지대학교 행정대학원(M. S. W. 사회 복지학 석사) 졸업, 연세대학교 연합신학대학원(Th. M. 신학 석사) 졸업, 1991년 5월 18일 작은예수공동체 설립, 1994년 10월 14일 예장통합 강원노회 목사 임직, 1급 사회복지사 취득(2002년 4월), 1급 요양보호사 취득(2008년 4월)

시설이다. 대규모의 생활 시설들이 가지고 있는 장점에도 불구하고, 대규모 시설은 입소 대상자가 느끼는 정서적 고립감이 있다. 이러한 단점을 보완하기 위해 가정과 같은 형태의 그룹홈(Group Home)이 필요한 것이다. '작은예수공동체'는 이러한 2개의 그룹홈으로 운영되고 있다. 장기요양 등급을 받은 대상자 9인과 등급을 받지 못한(장기 요양 대상자에 비해 상대적으로 건강한) 대상자 5인이 생활하고 있는 것이다.

3. 작은예수공동체를 시작하게 된 동기 및 배경

청년 시절부터 보육원, 양로원, 장애인 시설 등을 다니며 자원봉사 활동을 했던 필자는 결혼 후 공동체를 만들기 위해 전혀 연고가 없었던 강원도의 농촌 마을로 이주하였다. 신학대학원 시절부터 소외된 자에 대한 신학적 관심을 가지고 있었으며, 특히 제3세계 신학과 민중 신학, 해방 신학의 영향을 받아 졸업 후 진로를 결정하게 되었다. 진로를 결정하게 된 기준은 공동체적 삶에 대한 기대와 농촌에서의 생활에 대한 동경,[10] 그리고 소외된 사람들에 대한 목회적 비전(Vision)이었다. 아무런 근거도, 배경도 없었던 곳에서 처음 땅을 구입하고 농사를 짓기 시작했으며, 노인들을 모시면서 지금까지 공동체를 유지해 오고 있다.

작은예수공동체가 가지고 있는 의미와 신앙적 배경을 정리해 보면 다음과 같다.

첫째, 작은공동체를 지향(志向)하고 있다. 인간은 관계성 속에서 산다. 그 관계성은 가족, 형제, 친구, 이웃 등 다양한 형태를 가지고 있다. 그러나 나이가 들고 노인이 되면 점점 그 관계성은 단절되고 상실된다. 자기 스스로 노년을 책임질 수 있는 사람은 소수(少數)이다. 경제적 능력과 사회적 능력이 뒷받침되어야 한다. 결국 가정에서 부양할 수 없는 노인들은 요양 시설이나 요양 병원에서 생활할 수밖에 없다. 자식들의 돌봄이나 간헐적(間歇的)인 관심 속에서 혼자 살아간다는 것은 분명 한계가 있다. 독거노인의 경우 기본적인 안전망이 형성되지 못할 때가 많다. 그러므로 관계성의 형성이나 소외감을 극복하는 방법으로는 작은 공동체가 장점을 가지고 있다.

둘째, 신앙공동체를 지향하고 있다. 인간은 죽음에 가까이 다가갈수록 인생의 의미를 생각하게 된다. 즉, 종교적 관심을 갖는 것은 당연하고 자연스러우며 바람직하다고 본다. 지금까지의 삶을 정리하고 반성하며, 남은 일생을 보다 더 의미 있게 살기 위해 노력하는 것이다. 그런 의미에서 '신앙'은 매우 중요한 매개이다. 적절히 잘 활용하여 노인들의 삶이 감사와 기쁨의 생활이 되도록 도와야 한다. 작은예수공동체는 매주 예배를 드린다. 그 시간은 공동체 식구들이 한자리에 모여 이야기를 나누고 교제하는 중요한 시간이기도 하기 때문이다.

---

10) 필자는 서울 출신으로 농촌에서 살아 본 경험은 없었으나 대학 시절부터 '농활' 등을 통해 농촌을 경험하였고 농촌에서의 삶에 대해 생각을 키우게 되었다.

4. 교회(공동체)의 노인목회 내용 및 프로그램

1) 주요 프로그램

노인 복지 시설인 작은예수공동체와 작은예수요양원은 시설 보호를 목적으로 다양한 사업과 프로그램을 운영하고 있다. 시설의 환경, 의료 및 재활 서비스, 활동 프로그램을 제공하고 직원의 적절한 배치를 통해 치매, 중풍환자에게 더 적합한 Care Management를 실행하고 있다. 또한 보다 나은 서비스 개발에 주력하여 전문화된 노인 요양 공동생활 가정과 노인 공동생활 가정을 운영하고 있다.

프로그램	사업 내용
사업의 목적	노인 복지법과 노인 장기 요양법에 의한 노인 입소 보호
보건, 의료 프로그램	보건, 의료 프로그램은 협약 의료 기관과 간호사에 의해 실시되고 있으며, 수시로 건강 상태에 대한 상담을 실시하고 신체적 변화를 체크하여 사전에 질병을 예방한다. 그 외에도 투약, 처치, 검진, 입원, 통원 진료 등의 서비스를 제공하고 있다.[11]
상담 프로그램	시설 입소 후 사회 복지사의 초기 상담이 이루어지며, 상담 결과를 바탕으로 프로그램을 계획, 실시한다. 사례 회의(Case-Conference)를 통해 프로그램을 수정, 보완, 적용함으로 어르신들이 시설생활에 원만히 적응할 수 있도록 돕는다.
물리, 재활 프로그램	어르신들 중 노인성 질환인 마비, 신경계 질환, 혈액 순환 질환, 퇴행성 질환 등을 가지고 있거나 중복 질환을 가지고 있는 분을 중심으로 혈액 순환과 통증 완화를 위해 물리 치료(통원)를 실시하고 있으며, 치매 어르신들에게는 매일 1시간씩 각종 치매 예방 프로그램을 실시하고 있다.
사회 재활 프로그램	어르신들을 위해 생일 잔치, 경로 행사, 위문 공연, 야외 행사 등을 실시하여 삶의 활력을 제공하고, 주 2회 목욕 서비스와 월 1회 이미용 서비스를 제공한다. 건강 관리를 위한 근골격계 훈련, 산책 등을 적극 유도하고 있다. 또한 식생활과 입소생활의 서비스를 높이기 위해 노력하고 있다.

11) 의료 협약은 원주의료원, 이화의원, 강봉선신경정신과의원과 체결되었으며, 정기적인 진료를 시행하고 있다.

2) 의료 프로그램의 실제

프로그램 명	횟수	사업내용
정기 건강 검진	연 1회	정기적인 의사의 진료에 따른 투약, 간호 관찰에 따른 건강 관리 및 건강 상담 – 노인에게 발생하기 쉬운 각종 관절 통증, 근육통, 혈액 순환, 장애 등의 질환을 치료 – 독감 예방 및 유행성 출혈열 예방접종
구충제 투약	연 1~2회	
전염병 예방접종	연 2회	
입소자 간호 및 진료	매일 건강 체크 및 의료 협약 기관의 진료	– 혈압 체크 1일 1회 – 의료진과의 대화 및 상담(월 2회) – 체위 변경 및 근골격 강화 훈련 – 투약 주사 당뇨 검사
외래 병원 진료 (필요 시)	월 1~2회	– 내과 진료, 신경정신과, 정형외과, 피부과, 안과, 치과, 부인과, 이비인후과 등 외래 진료
입원 치료 및 관리	필요 시	– 응급환자 발생 시 병원 이송 – 입소 후 건강 체크

3) 재활 운동 프로그램의 실제

① 시설 내 기구 등을 이용한 운동 훈련

② 자체 건강 관리 프로그램 및 자원봉사자의 활용 건강 관리 프로그램 운영

③ 병원 진료 시 재활 훈련 실시

4) 사회 활동 프로그램의 실제

입소 노인의 대부분이 중풍이나 치매 환자이기 때문에 신체적·정신적 기능 장애뿐만 아니라 대인관계와 같은 사회적 기술에도 큰 장애를 갖는다. 그래서 사회 재활 프로그램은 현재의 기능 상태를 유지하고 신체 건강 및 지적 능력 향상, 움직임의 촉진 및 증진을 목적으로 다양한 활동들을 제공한다. 퍼즐놀이, 볼링놀이, 종이 표현, 미술 치료, 미니올림픽, 숫자놀이, 글자 맞추기 등의 게임을 실시한다. 또한 연 1~2회

야외 활동, 야유회, 단풍놀이 등의 프로그램을 실시한다.

5) 기타 프로그램의 실제

① 시설 내 주 1회 예배, 도시교회와의 연계 프로그램(봉사, 예배, 공연 등)

② 사망자에 대한 임종 호스피스 및 장례 절차 진행

③ 월 2회 이상 자원봉사 팀 활동(식사, 목욕, 청소, 놀이 등)

6) 일정표

시 간	일 정
07 : 30~09 : 00	아침 식사 및 투약, 양치질
09 : 00~10 : 00	건강 체크(체온, 혈압) 및 산책
10 : 00~11 : 00	일상생활 동작 훈련 및 재활 운동
11 : 00~12 : 30	목욕 및 기저귀, 의복 교환 및 담화
12 : 30~14 : 00	점심 식사, 투약, 양치질
14 : 00~15 : 00	요일별 프로그램
15 : 00~16 : 30	대화 나누기 및 기저귀 교환
16 : 30~17 : 30	자유 활동, TV 시청
17 : 30~18 : 30	저녁 식사, 투약, 양치질
18 : 30~21 : 00	기저귀 교환 및 TV 시청
21 : 00~	저녁 점검 및 취침

7) 요일별 계획표

월	화	수	목	금	토
건강 체조	운동 치료	상 담	물리 치료	놀이 활동	봉사자와 함 께
레크리에이션	놀이 활동	건강 체조	병원 진료	레크리에이션	

5. 교회(공동체)의 다른 사업

1) 지역 사회(마을)와 함께하는 활동

최근 '마을 만들기'가 농촌 사회의 선교 방법론으로 대두되고 있다. 이 사업의 역사는 유럽에서 유행했던 '어메니티'(Amenity) 자원을 활용한 '농촌 사회 개발'과 관련이 있다. 우리나라에서는 2000년대에 들어서면서 '그린 투어리즘'(Green Tourism)이라는 이름으로 정부나 지자체에서 농촌 관련 사업들을 쏟아냈다. 본 공동체가 속한 마을도 2002년부터 '마을 만들기' 사업을 수행하였고, 이 일에 적극적으로 개입하였다. 결과적으로는 큰 성과를 내지는 못했지만, 향후 농촌 지역 사회에서 고민해 볼 만한 문제이다.[12)]

2) 지역의 농촌교회들과 함께하는 활동

점점 더 어려워지는 농촌목회의 현실 속에서, 지역의 농촌교회들이 '연합'을 통해 '공동체적 목회'를 수행하는 것이 중요하다고 본다. 본 공동체는 2004년에 원주와 충주 지역의 농촌교회들과 연합하여 장신영농조합을 구성하였고, 지금까지 연합예배, 추수감사행사, 가족여행, 농사활동 등 여러 사업들을 진행하고 있다.

3) 생명 농업을 실천하는 활동

공동체 설립 초기부터 '생명 농업'에 대한 관심을 가지고 논농사와

---

12) 마을 만들기에 대한 필자의 경험은 다른 발제문에서 지적한 바 있다. 우리 마을은 당시 약 13억 원의 자금이 투여되어 다양한 사업을 추진하였으나, 일부 마을 주민의 이의제기로 중단되었다. 그 배경과 문제점, 그리고 발전 방향에 대한 내용은 정리된 바 있다.

밭농사를 짓고 있다. 농사 방법에 있어서는 친환경 농업을 실천하고 있으며 과거에는 생산한 농산물을 직거래를 통해 판매하기도 하였으나, 지금은 공동체의 부식으로 사용하고 있다. 또한 경제적 자립을 위한 방법으로 협업 방식인 산란 자영양계를 실천하고 있다.[13)]

4) 이러한 사업들의 의미 부여

본 공동체의 이러한 역할들은 생명공동체를 지향하고 있는 것이다. 함께 산다는 것이 생명을 살리는 일이요, 자연과 더불어 산다는 것이 생명을 얻는 일이다. 생명농업은 농부를 살리고, 그것을 먹는 사람을 살리고, 생태계를 살린다. 작은예수공동체는 철저하게 생명의 존엄성을 실천하고 있다. 농사를 통해, 공동체적 삶을 통해 다른 사람을 살리고 있는 것이다.

6. 나가는 말

개척 초기에 역할을 찾기 위해 고민했다. 서울 사람이 아무런 연고도 없는 농촌 마을에 내려와 산다는 것이 결코 쉬운 일은 아니다. 재정과 목회 계획이 안정되게 프로그래밍 되어 있는 것이 아니라 나 자신이 스스로 모든 문제를 계획하고, 결정하고, 실행해 나가야 하는 과정이 쉽지 않았다. 초창기에 주변의 선배 목회자들이 "저 친구는 젊은 사람이 농촌에 무조건 내려와 무엇을 하려고 하지?" 하면서 안쓰럽게 바라보기

13) 논농사는 약 400여 평에서 찹쌀을 생산하고 있으며, 밭농사는 약 600여 평에서 다양한 밭작물을 생산하고 있다. 자연양계는 총 1,500수의 산란계를 통해 매월 일정액의 소득을 얻고 있다. 양계는 영농조합 방식으로 진행하고 있으며, 생산과 세척, 포장과 택배 등 직거래 방식으로 소비자들에게 공급하고 있다.

도 하였다. 하지만 마음속에 열정과 비전을 가지고 묵묵히 우리의 일을 추진해 나갔다. 이 과정에 아내의 역할은 매우 컸다. 공통의 가치관과 신앙적 비전을 가지고 공동의 역할을 함께 수행한 것이다. 개척 정신과 꿈을 향한 헌신이 있었기에 가능했다고 생각한다.

정착하기까지 인내의 시간이 필요했다. 초기 5년 정도는 여러모로 힘든 일이 많았다. 하지만 시간이 지나면서 여러 가지 '도전과 적응'이 결과를 만들어 내기 시작했다. 처음에는 신앙적인 동기로 시작했다. 하지만 노인들과 함께 사는 것이 사회 복지 기능임을 인식하고 난 뒤에는 사회 복지와 관련된 체계와 자격을 갖추고 시설 운영의 복지 마인드를 길러 냈다. 목회자로서 사회 복지 사업을 수행하는 것이 어떤 장점과 단점이 있는지 찾아내고, 가능한 복지 시스템을 지키면서 거기에 신앙적인 동기를 접목시키려 노력했다. 사회 복지는 철저하게 사회 복지 행정 체계를 지키면서 운영하는 것이 중요하다. 더 나아가 공동체의 식구들(운영자, 종사자, 입소자, 봉사자)이 늘어나면서 그들과 함께 삶(생활)을 유지하기 위한 공동체의 운영과 경영의 마인드가 필요하게 되었다. 공동체의 대표인 나 자신이 전체를 제대로 운영하지 못하면 이곳에 함께 살고 있는 23명의 생활과 생계에 영향을 미친다는 사실을 인식하게 된 것이다. 지금은 매우 안정적인 운영을 통해 공동체의 모든 구성원들이 편안한 생활을 유지하고 있다.

작은예수공동체 손주완 목사
강원도 원주시 귀래면 미륵산길 384-5
033-764-3594

농어촌교회 노인목회 사례 제1집

장수를 축복으로 만드는 교회 이야기

초판인쇄 2017년 4월 30일
초판발행 2017년 5월 10일
기획편집 대한예수교장로회총회 농어촌선교부
편 집 인 총무 백명기, 실장 이인호
주 소 03128 서울 종로구 대학로3길 29 한국교회100주년기념관 407호
전 화 (02) 6959-2094 / 팩스 6280-4194

펴 낸 이 채형욱
펴 낸 곳 한국장로교출판사
주 소 03129 / 서울 종로구 대학로19 409호(연지동, 한국기독교회관)
전 화 (02) 741-4381 / 팩스 741-7886
영 업 국 (031) 944-4340 / 팩스 944-2623
등 록 No. 1-84(1951. 8. 3.)
I S B N 978-89-398-4176-5 / Prieted in Korea

값 12,000원